DER *K.u.K.* MEHLSPEISENHIMMEL

Rezepte aus der guten alten Zeit von

Wolf Neuber

Ueberreuter

Im Auftrag hergestellte Sonderausgabe
A 1371
Alle Rechte vorbehalten
Umschlag: Oswald Gstöttner unter Verwendung
eines Dias von Buenos Dias, Francis H.
Layout von Franz Hanns
Illustrationen aus Archiv Wolf Neuber
© 1994 by Verlag Carl Ueberreuter, Wien
Druck und Bindung: Ueberreuter Buchproduktion, Korneuburg
Printed in Austria

Inhalt

ALLEN LIEBEN DAMEN,
DIE MEINE KINDHEIT VERSÜSSTEN!

Verehrte Freundin, geschätzter Freund!

Verlockt von den im Titel versprochenen Köstlichkeiten, haben Sie, sofern Sie diese Zeilen lesen, auch meinem dritten kulinarischen Büchlein Ihr Interesse geschenkt. Nach der k. und k. Wiener und k. und k. böhmisch-ungarischen Küche, welche beim Publikum eine überaus freundliche Aufnahme fanden, erlaube ich mir, mit den in diesem Buch vorgestellten k. und k. Rezepten allen Genießern dieser Freuden, Naschkatzen und Naschkatern, die Tür in diesen wahren österreichischen Mehlspeishimmel aufzutun.

Um Ihnen aber nicht nur die Lektüre, sondern auch den praktischen Gebrauch ans Herz zu legen, möchte ich Herrn F. G. Zenker, geprüfter Chemiker und erster Koch Seiner Durchlaucht des Fürsten von Schwarzenberg, Herzog zu Krumau etc., etc., zitieren, der dieses Anliegen jedes Autors schon 1839, trefflicher als ich es könnte, formulierte:

Es gibt freylich der Kochbücher genug; besonders erschienen einige, die sich sehr in auffallenden Titeln anrühmten. Daher bittet man, dieses Kochbuch nicht in die Reihe der bis zum Ueberflüssigen schon gedruckten gewöhnlichen zu stellen. Aus eigener Erfahrung werden viele wissen, wie unangenehm es ist, durch vielversprechende Vorschriften hintergangen zu werden, Mühe und Kosten umsonst angewandt zu haben. Bey diesem Buche hat man solches zu befürchten nicht nothwendig, denn man hat nichts niedergeschrieben, was nicht vorher probirt und bewährt befunden worden. Auch hat man bey jeder Speise und derselben Zugehör genau das Maß und Gewicht bis auf das Kleinste angemerkt, ja sogar die Zeit bestimmt, wie lange jede Sache zu ihrer Zubereitung braucht. Auch wählte man von jeder Gattung Speisen mehrere, wovon einige theurer, andere sehr gering zu stehen kommen, damit von selben Jedermann, nachdem seine Einkünfte es zulassen, Gebrauch machen kann.

Dieses Kochbuch und viele andere, von meinen den kulinarischen Künsten zugeneigten Vorfahren verwendete Kochbücher sind die Quellen der vorgestellten Rezepte. Dazu kommen aber noch als wichtigste Grundlage die durch mehrere Generationen gesammelten handschriftlichen Aufzeichnungen, insbesondere die meiner Urgroßmutter väterlicherseits, deren Ruhm als begehrte Hochzeitsköchin in meiner Familie bis in unsere Tage weiterlebt.

Da sich bei uns die Lust und die Begabung zum Kochen, Braten und nicht zuletzt zum Backen auch in der männlichen Linie vererbt hat, wurde ich schon sehr früh auch praktisch in das Wissen meiner Ahnen eingeweiht. Vom mühevollen Germteigschlagen, vom Nuß- und Mandelreiben bis hin zum Vanillekipferlnwuzeln – vielfältig sind die niederen Dienste, durch die man sich zum guten Mehlspeiskoch emporarbeiten muß. Aber es lohnt die Mühe, Sie werden es sehen und schmecken. Ich darf Ihnen versichern, daß jedes der Rezepte bei Beachtung der Vorschriften dem Liebhaber der Kochkunst gelingen wird, sofern er nebst allen Zutaten auch den nötigen Fleiß verwendet: also – auf! Die Schürze umgebunden und an die Arbeit, damit auch Sie sich den einen oder anderen Stern vom k. und k. Mehlspeishimmel holen können!

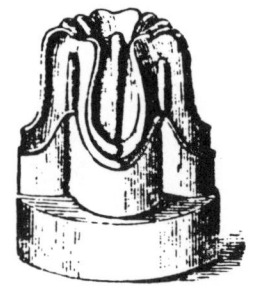

Woraus die meisten Mehlspeisen bereitet werden

Es sind dies:

I. Die Butterteige

Sie dürfen, ebenso wie die *Mürbteige,* nur in einem kalten Raum bereitet werden, da es für das Gelingen wichtig ist, daß die Butter bei der Verarbeitung weder schmilzt noch zerrinnt. Diese Teige sollen dann auch an einem kühlen Ort rasten und aufbewahrt werden. Für den *Butter-* oder (wie er häufig auch genannt wird) *Blätterteig* wird das Blech, auf dem er gebacken wird, weder geschmiert noch gefeht, sondern nur mit ein wenig kaltem Wasser benetzt.

II. Die Germteige

Diese wiederum brauchen zum Abarbeiten, Rasten und Aufgehen einen wohltemperierten, zugfreien Arbeitsplatz. Das Gelingen hängt von der Frische der Germ und der Geduld der Köchin beim Schlagen des Teiges ab. Dabei Zeit sparen zu wollen, läßt die besten Zutaten verderben. Ordentlich bereitet aber bietet der Germteig die vielfältigsten Möglichkeiten zu seiner Verwendung, er läßt sich kochen, backen und in heißem Fett garen. *Germknödel, Gugelhupf* und *Faschingskrapfen* sind Beispiele dieser unterschiedlichen Bereitungsweise.

III. Der Bisquitteig

Er wird zu vielerlei Verwendung sorgsam aus Eiern, Mehl und Zucker gerührt. Sein Gelingen hängt von der Genauigkeit bei der Beachtung der Maße, der Zutaten und der Einhaltung der vorgeschriebenen Rührzeiten ab.

IV. Der Brandteig

Er ist ein sehr einfach und rasch zu bereitender *Rührteig,* welcher meist zu Mehlspeisen verwendet wird. Seine Vollendung erlangt er erst durch die nachfolgende Füllung.

V. Die Tortenteige

Diese werden in vielerlei Variationen aus Zucker und Eiabtrieben, mit oder ohne Butter, geriebenen Nüssen, zerlassener Schokolade etc. bereitet. Wie dies zu geschehen hat, um eine wohlgelungene Torte auf den Tisch zu bringen, beschreiben auf das genaueste die jeweiligen Rezepte, was auch für die Bereitung der Kuchen und kleinen Bäckereien gilt.

VI. Die Lebkuchenteige

Sie werden aus gewürztem Honig, vielerlei Früchten und Mehl bereitet, wobei der Teig, dem meist als Treibmittel Hirschhornsalz oder Pottasche beigegeben wird, lange Zeit rasten kann. In den Lebzeltereien wurde der Teig oft monatelang vor dem Verbrauch in Fässern kühl gelagert.

Von den Butterteigmehlspeisen und mancherlei Schmalzgebackenem

1. BUTTERTEIG, BESSERER ART

Man nehme:
28 dkg glattes Mehl
28 dkg Butter
4 dkg Staubzucker
4 Eier
1 Zitrone
Salz

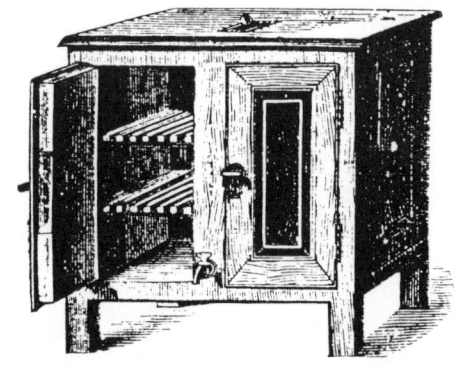

Man gibt ein Drittel vom Mehl auf das Nudelbrett und schneidet die sehr hart gekühlte Butter blättrig, vermischt sie mit dem Mehl und schlägt so lange leicht auf die Masse, bis das Mehl die Butter aufgenommen hat und diese blättrig aussieht. Jetzt nimmt man die „Mehl-Butter", formt sie länglich auf ein kaltes, bemehltes Blech, deckt sie mit einem Tuch zu und stellt sie sehr kühl. Man kann sie auch in den Eisschrank tun.

Jetzt macht man auf dem Brett mit dem restlichen Mehl, einem halben Kaffeelöffel Salz, 4 dkg Staubzucker und vier Dottern sowie dem Saft einer halben Zitrone einen Teig an, dem man nach und nach ¼ l kaltes Wasser beigibt. Dieser Teig muß mit beiden Händen so lange abgearbeitet werden, bis er Blasen zeigt und seufzt. Sollte er zu feucht sein und kleben, so staubt man sehr vorsichtig noch etwas Mehl dazu. Allerdings darf der Teig nicht zu fest werden.

Wenn er dann Blasen zeigt, wird der Teig aufs bemehlte Brett gelegt, etwas gestaubt und mit dem Nudelwalker in der Länge des Butterstückes ausgewalkt. Die sehr kühle Butter wird jetzt auf den Teig gelegt und dieser mit der Butter dreiteilig zusammengelegt. Dann dreht man den Teig so, daß die beiden offenen Seiten rechts und links von der Köchin liegen. Durch leichtes Klopfen mit dem Nudelwalker schiebt man die Butter bis zum Rande des Teiges, den man jetzt der Länge nach zu einem Streifen auswalkt. Ist dies getan, schlägt man ihn wieder von links und rechts zusammen, so daß er in drei gleichen Teilen übereinanderliegt. So läßt man ihn auf einem bemehlten Blech, mit einem Hangerl zugedeckt, an einem kalten Platz rasten. Nach einer Viertelstunde walkt man ihn wie vorher auf dem Brett aus und wiederholt alle Arbeitsgänge – walken, zusammenlegen, rasten lassen – dreimal. Nach dem letzten Rasten kann man ihn beliebig verwenden.

2. CREMESCHNITTEN
Man nehme:
Butterteig (siehe diesen)
16 dkg Vanillezucker
7 Eier
¼ l Obers
Mehl

Der messerrückendick ausgewalkte Teig wird in zwei gleich große Rechtecke geschnitten, von denen man eines gleich auf den Nudelwalker aufrollt und es so auf das mit Wasser befeuchtete Backblech aufbringt, wo es sogleich wieder ausgerollt und oftmals mit einer Gabel eingestochen wird. Nun verteilt man auf diesem Teigboden die Creme.

Diese wurde im Schneebecken über Dunst gerührt, indem man zwei Löffel glattes Mehl, den Vanillezucker, sechs Dotter und das Obers so lange kräftig schlägt, bis die Masse richtig dick wird. Ausgekühlt zieht man noch den Schnee von sechs Eiklar leicht unter. Über die Creme kommt die zweite Teighälfte, die man noch am Brett vielfach mit der Gabel eingestochen hat. Man bringt den Teig wieder mit Hilfe des Nudelwalkers zum Blech und rollt ihn obenauf über die Creme. Mit verklopftem Ei bestrichen, kommen die Cremeschnitten ins heiße Rohr und werden dort eine halbe bis dreiviertel Stunde gebacken. Nach dem Erkalten kann man die Schnitten in beliebige Stücke teilen und mit Vanillezucker bestreut servieren.

3. SCHAUMROLLEN
Man nehme:
Butterteig (siehe diesen)
1 Ei
Obers, soviel nötig
Staubzucker

Man walkt den Butterteig zu einer ca. 35 cm breiten, gleichmäßig messerrückendünnen Fläche aus. Diese schneidet man in schwach zweifingerbreite Streifen, die man an den Schnitträndern mit gewässertem Ei bestreicht. Dann rollt man die Teigstreifen spiralenförmig um die Schaumrolleneisen, wobei darauf zu achten ist, daß die befeuchtete Seite nach außen kommt und sich die Ränder höchstens halbfingerbreit überdecken.

Die Schaumrollen werden jetzt mit dem verklopften Ei bestrichen, mit der breiten Seite nach unten auf das Backblech gestellt und bei mittlerer Hitze gebacken. Es ist darauf zu achten, daß die Rollen gut aufgehen, aber nicht zu braun werden. Etwas überkühlt werden die Rollen von den Eisen gezogen, und, ganz gekühlt, mittels des Dressiersacks mit geschlagenem, leicht gesüßtem Obers gefüllt. Mit Staubzucker bestreut, werden die fertigen Schaumrollen gefällig angerichtet.

4. KÄSESTANGERLN

Man nehme:
Butterteig (siehe diesen), nur ohne
Zucker zubereitet
15 dkg Parmesan
1 Ei
Kümmel
Rosenpaprika

Der Butterteig wird messerrückendick ausgewalkt, in zweifingerbreite, zweifingerlange Stücke geschnitten. Diese Stücke werden in der Mitte mit verklopftem Ei bestrichen, die beiden Ränder müssen trocken bleiben. In der Mitte der Stücke wird jetzt der geriebene Parmesan verteilt, dann werden die Teigstücke übereinandergeschlagen und zusammengedrückt. Der Rand wird mit einem Messer sauber geschnitten, der Teig mit einer Gabel mehrmals eingestochen und mit verklopftem Ei bestrichen. Nach Belieben streut man darauf noch etwas Paprika oder Kümmel. Im heißen Rohr gebacken, werden die Stangerln noch frisch zum Tee gereicht.

5. BUTTERTEIGSTERNE

Man nehme:
Butterteig (siehe diesen)
1 Ei
Marmelade

Man walkt den Butterteig messerrückendick aus und schneidet ihn in fingerlange, fingerbreite Streifen mit schrägen Enden. Je sechs solcher Streifen legt man nun kreuzweise übereinander, so daß sie einen Stern bilden. Beim Zusammenlegen wird jeder Streifen immer in der Mitte mit verklopftem Ei benetzt. Man setzt die Sterne auf das mit Wasser befeuchtete Blech, drückt mit dem Finger in der Mitte jedes Sternes eine kleine Vertiefung und bestreicht den Teig mit verklopftem Ei, ritzt die Sternzacken mit einem scharfen Messer zur Spitze mehrfach ein und bäckt sie bei starker Hitze im Rohr. Dann nimmt man mit Hilfe eines sehr dünnen Messers die Sterne vom Blech, gibt in das Grübchen je einen Löffel heißer Marmelade, bestreut die Sterne mit reichlich Staubzucker und bringt sie zu Tisch.

6. ÄPFEL IM SCHLAFROCK

Man nehme:
Butterteig (siehe diesen)
1 kg kleine Äpfel
10 dkg Rosinen
Marillenmarmelade
10 dkg Nüsse
1 Ei

Die Äpfel werden geschält und mit dem Ausstecher vom Kerngehäuse befreit. Ein bis zwei Äpfel schneidet man in kleinfingerdicke Scheiben, aus welchen mit dem Ausstecher passende Stücke gestochen werden, mit denen man den Hohlraum unten verschließt. Nun füllt man die Äpfel mit den mit der Marmelade verrührten Rosinen und den grobgehackten Nüssen. Obenauf verschließt man wieder mit einem Apfelstückchen. Die so vorbereiteten Äpfel legt man jetzt auf jeweils ein aus dem messerrückendick ausgewalkten Teig geschnittenes Viereck passender Größe. Die vier Ecken werden aufgebogen und in der Mitte des Apfels fest aufeinandergedrückt. Man gibt nun die Äpfel im Schlafrock auf ein mit Wasser befeuchtetes Blech, bestreicht sie mit verklopftem Ei, so daß auf jeder Seite ein messerrückenbreiter Rand trocken bleibt. Man bäckt sie eine halbe bis dreiviertel Stunde im Rohr. Dann löst man die Äpfel mit einem sehr dünnen Messer vom Blech, richtet sie auf einer Schüssel an und bestreut sie noch kräftig mit Staubzucker.

7. APFELSTRUDEL VOM BUTTERTEIG

Man nehme:
Butterteig (siehe diesen)
5 dkg Butter
1 Ei
1½ kg Äpfel
10 dkg Rosinen
10 dkg ausgelöste Nüsse
Feinkristallzucker
Semmelbrösel, Zimt

Der Butterteig wird auf dem mit Mehl bestaubten Brett messerrückendick ausgewalkt und in drei handbreite Streifen, die so lang wie das Backblech sind, geschnitten. Diese Streifen werden nun mit den geschälten, grobgeschnittenen Apfelstücken, welche mit in Butter gerösteten Semmelbröseln, etwas Zucker und Zimt vermischt wurden, belegt. Dazwischen streut man die sauberen Rosinen. Beim Aufbringen der Fülle muß links und rechts je ein Drittel Teig frei bleiben. Diese Ränder werden mit verklopftem Ei bestrichen und so über die Fülle gelegt, daß sie in der Mitte einen daumenbreiten Teigkamm bilden. Mit der Schere schneidet man diesen in fingerbreitem Abstand ein und legt die Teigstücke jeweils links und rechts aus. Ist dies getan, hebt man den Strudel vorsichtig auf ein mit Wasser befeuchtetes Backblech, bestreicht ihn mit dem Rest des verklopften Eies, sticht den Strudel in regelmäßigen Abständen mit der Gabel in Grätenform ein und bäckt ihn im heißen Rohr eine dreiviertel bis eine Stunde. Man schneidet den Strudel auf dem Backblech in Stücke und serviert diese noch warm, mit Vanillezucker bestreut.

8. HELFERSDORFER MANDELSTRUDEL

Man nehme:
Butterteig (siehe diesen)
16 dkg Vanillezucker
8 Eier
16 dkg Mandeln

Der Butterteig wird nach dem Rasten auf dem bemehlten Blech messerrückendick ausgewalkt und wie für den Apfelstrudel vorbereitet.

Zur Fülle wird der Vanillezucker mit den nach und nach beigegebenen Eidottern verrührt. Dazu kommen dann die feinstgeriebenen Mandeln, welche man mit drei Eiklar gut gemischt hat. Später, wenn die Masse genügend gerührt worden ist, zieht man den Schnee von fünf Eiklar unter. Diese Fülle wird in der Mitte des Streifens aufgehäuft und der Strudel, wie im Rezept des Apfelstrudels, fertiggerichtet und ins heiße Rohr gebracht. Zu beiden Seiten des Strudels legt man genügend große, befeuchtete Kochlöffel, damit die Fülle beim Backen den Strudel nicht aus der Fasson bringen kann.

9. ÄPFEL-CHARLOTTE

Man nehme:
Butterteig (siehe diesen)
24 Maschanskeräpfel
Zucker
Marillenmarmelade
1 Ei

Die Äpfel werden geschält, die Kerngehäuse ausgeschnitten und die Äpfel in Spalten geteilt. Sie kommen in eine Kasserolle, werden etwas gezuckert und, ohne Zugabe von Wasser, so lange gedünstet, bis ihre Flüssigkeit verdunstet ist. Dann gibt man einige Eßlöffel Marillenmarmelade dazu, rührt alles gut durch und kocht die Masse kurz auf. Wenn diese Äpfelmarmelade ausgekühlt ist und der vorher zubereitete Butterteig eine Stunde lang gerastet hat, wird dieser auf einem mehlbestaubten Brett messerdick ausgewalkt, in zwei gleich große Rechtecke geschnitten, von denen man das eine vorsichtig auf den Nudelwalker aufrollt und dann auf dem mit Wasser benetzten Backblech wieder abrollt. Darauf wird die Apfelfülle so verteilt, daß ein daumenbreiter Rand bleibt. Nun wird das zweite Teigblatt, ebenfalls mit Hilfe des Nudelwalkers, über die Fülle so abgerollt, daß die Ränder der beiden Teigblätter einander decken. Dabei soll aber die Seite, welche auf dem Brett gelegen ist, nach oben kommen. Die Ränder werden zart aneinandergedrückt, das obere Teigblatt mehrfach mit dem Messer eingestochen und mit aufgeklopftem Ei bestrichen, wobei die Ränder daumenbreit trocken bleiben müssen. Die Charlotte wird im heißen Rohr eine halbe bis dreiviertel Stunde gebacken. Ist der Teig halb gebacken, wird die Charlotte mit fein gestoßenem Zucker dick bestreut und erst dann fertiggebacken. Sieht der Zucker glasartig aus und hat die Charlotte eine appetitlich braune Farbe bekommen, wird sie aus dem Rohr genommen, mit einem dünnen Messer vom Blech gelöst und gleich in beliebige Stücke geschnitten. Diese werden auf einer Schüssel angerichtet.

10. CREMEKRAPFEN
Man nehme:
¼ l Obers
8 dkg Vanillezucker
8 Eier
glattes Mehl
Brösel, Schmalz

In einer tiefen Schüssel rührt man Obers, Zukker und sechs Dotter sowie einen Eßlöffel Mehl gut ab, füllt die Masse in eine gebutterte, gefehte Form und läßt sie eine halbe Stunde zugedeckt im Dunst kochen. Fertig, wird die Masse behutsam gestürzt. Nach dem gänzlichen Erkalten werden mittels eines Krapfenstechers runde Stücke ausgestochen, diese in verklopfte Eier getunkt und in Brösel paniert. In sehr heißem Fett goldgelb herausgebacken, werden die Krapfen mit einem Backlöffel herausgehoben, mit Staubzucker bestreut und noch warm serviert.

11. GOTTESGNADEN
Man nehme:
28 dkg Mehl
7 dkg Butter
3 Eier
Milch, Wein
Staubzucker, Salz
Schmalz zum Ausbacken

Auf dem Nudelbrett schneidet man die Butter in das Mehl, macht in der Mitte eine Grube, in welche man ein ganzes Ei und zwei Dotter schlägt. Je drei Löffel Milch und Wein, ein Löffel Staubzucker und eine Prise Salz kommen noch dazu. Alles wird zu einem geschmeidigen Teig abgearbeitet. Man walkt diesen auf dem Brett nudeldick aus, schneidet ihn in handlange, dreifingerbreite Streifen, die man mit dem Teigrad der Länge nach in der Mitte drei- bis viermal einradelt, ohne jedoch den Rand zu verletzen. In heißem Schmalz werden die Streifen dann goldgelb gebacken und, auf einer Schüssel geschichtet, gut gezuckert zu Tisch gebracht.

12. ROSENKRAPFEN
Der Teig wie von den Gottesgnaden

Er wird messerrückendick ausgewalkt und mit einem Wasserglas oder einem runden Keksstecher ausgestochen. Die einzelnen Teigstücke werden nun zur Mitte zu fünf- oder sechsmal gleichmäßig daumenbreit eingeschnitten. In der Mitte wird mit etwas Eiklar angefeuchtet, dann werden jeweils immer vier Blätter aufeinandergelegt, in der Mitte fest mit dem Finger zusammengedrückt und in heißem Schmalz goldgelb herausgebacken. In die Mitte der fertigen Röschen gibt man ein Häufchen Ribiseloder Erdbeermarmelade oder auch Rosinenpowidl, richtet sie auf einer Schüssel hübsch an. Bestreue mit Staubzucker und trage sie zu Tisch.

13. SCHNEEBALLEN

Man nehme:
32 dkg Mehl
20 dkg Butter
3 Eier
¹/₁₆ l Milch
Staubzucker
Zimt
Rum, Salz
Backfett

Auf dem Nudelbrett bröselt man Butter und Mehl ab, macht dann in der Mitte eine Grube, in die man drei Dotter, die Milch, eine Prise Salz, einen Kaffeelöffel Staubzucker und einige Löffel Rum gibt. Der Teig wird nun kräftig abgearbeitet, bis er Blasen wirft. Er darf aber nicht zu fest werden, sondern soll weich und geschmeidig bleiben. Nachdem er eine halbe Stunde an einem kühlen Platz gerastet hat, formt man aus dem Teig marillengroße Lai-

berln, welche man auf dem bemehlten Brett messerrückendick rund auswalkt. Darauf sticht man mit dem großen Ausstecher eine schöne runde Scheibe, in diese wieder schneidet man mit dem Teigradel im gleichen Abstand fünfmal quer ein, läßt aber rundum 1 cm Rand ganz. Jetzt schiebt man einen Kochlöffelstiel jeweils unter jedes zweite Streifchen durch, nimmt dann den als ersten aufgefaßten Streifen und hebt ihn über die übrigen zusammengeschobenen Teigstreifen, so daß er sich jetzt unter dem Kochlöffel befindet, wodurch der Teig gleichsam einen Ballen bildet. So kompliziert sich dies liest, so leicht geht es, wenn man es praktisch tut. Den Schneeballen hält man jetzt mit dem Kochlöffelstiel in das sehr heiße Backfett, das man in einer Kasserolle erhitzt hat, und zieht ihn erst heraus, wenn er seine Form behält. Man wendet die Schneeballen, damit sie gleichmäßig Farbe bekommen, legt sie dann auf Fließpapier und bestreut sie beim Anrichten kräftig mit Staubzucker und Zimt.

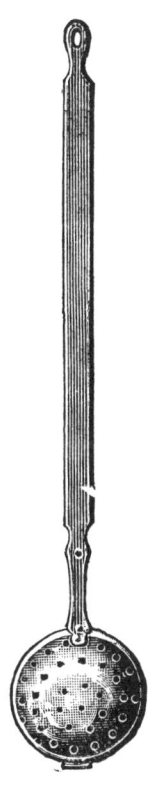

Die Bevölkerung der Monarchie zeichnete sich nicht nur durch streng verordnete Liebe zum allerhöchsten Herrscherhaus, sondern auch durch Frömmigkeit und Beachtung aller von den verschiedenen religiösen Bekenntnissen verordneten Fastenregeln aus. Doch wenn es sich ohne größere Schwierigkeiten machen ließ, umging man beides gerne, wobei ersteres zum Zerfall der Monarchie, zweites aber zu einer höchst kultivierten Fastenküche führte. Fische und Krebse machten den Frommen die Zeit der Kasteiung leichter erträglich. Und um noch etwas mehr Abwechslung auf den Fastentisch zu bringen, wurde zum Beispiel der Fischotter ganz einfach zum „Fisch" erklärt, wogegen kein geistlicher Herr Einspruch erhob. Hatte doch die Pfarrersküche, was Qualität, Quantität und die Qualifikation des „Personals" – der Pfarrersköchin – betrifft, einen beachtlichen Ruf in den Kronlanden.

Um die bürgerliche und ärmere Bevölkerung, der Fisch und Krebs nicht behagte oder gar zu teuer war, doch nicht dem totalen Fasten auszusetzen, sammelten sich in den Rezeptaufschreibungen der fleißigen, wirtschaftlichen Hausfrauen vielerlei Rezepte für warm zu servierende Mehlspeisen, welche als Fastengerichte anerkannt waren und bestimmt den ärgsten Hunger auf angenehmste Weise stillen konnten.

Eine davon, der „Kaiserschmarren", wird sogar in der Operette besungen. Er gehört, ordentlich bereitet, wirklich zu den größten Genüssen. Es ist beachtlich, was da aus dem Holzknechtschmarren, den sich diese für Wochen im Hochwald arbeitenden Burschen selbst am offenen Feuer aus schierem Mehl, Wasser und ein wenig Fett bereiteten, geworden ist.

Wie sagte doch Tante Fini immer: „Es läßt sich aus allem was machen, wenn man nur genügend Butter und Eier dazu nimmt!"

Der Kaiserschmarren führt sein Prädikat sogar zu Recht. Denn Seine Majestät Kaiser Franz Joseph I., der mehr der heimischen Küche als der französischen haute cuisine zugeneigt war, schätzte dieses Gericht sehr. Nur einmal verzichtete er trotz größten Hungers auf den geliebten Schmarren. Der Bericht von dieser Begebenheit stammt von meiner – Ihnen hoffentlich aus den vorangegangenen Büchern bekannten – Tante Rosi. Diese hatte als Tänzerin an der Wiener k. und k. Hofoper durch öftere, nennen wir es liebevoll Verlobungen mit Herren höchster Kreise, Informationen, die der bürgerlichen Welt sonst verschlossen blieben. Herr von . . . (seinen Namen hat Rosi diskret verschwiegen) war, so erzählte sie, mit dem Kaiser auf der Jagd in der Umgebung von Ischl. Schon lange vor Sonnenaufgang unterwegs, war die Jagdgesellschaft, nachdem man vergeblich auf die vom Förster versprochenen Gemsen mit Anstand gewartet, aber ohne Verpflegung auf dem Anstand verbracht hatte, recht hungrig. Und so machte einer der Herren der Jagdgesellschaft dem spartanischen Monarchen den Vorschlag, doch beim Abstieg in einer nahe gelegenen Almhütte einzukehren. Die Hauserin dort sei weithin berühmt für ihren Kaiserschmarren. Die Aussicht auf diese seine Lieblingsspeise ließ Franz Joseph den Vorschlag annehmen. So zog die ganze Jägerschaft zur Hütte, um dorthin ungeheure Aufregung durch den unerwarteten und unangesagten Besuch zu bringen. (Üblicherweise wurden solche „spontane Besuche" vom Obersthofmeister penibelst vorbereitet und tagelang vorher geplant.) Aber das alte Weiberl fand sich schnell darein, forderte „den Herrn Kaiser und alle Jager" auf, Platz zu nehmen, sie gehe gleich an die Arbeit. Man lagerte, nachdem Seiner Majestät der bequemste Platz bereitet worden

war, in der warmen Sonne und schaute der berühmten Schmarrenköchin zu, wie sie Ei für Ei in den Kessel schlug, den Zucker und das Mehl, ganz nach Gefühl, dazutat und fleißig, wie es sich gehörte, rührte und rührte. Von dem neben ihm sitzenden Herrn von . . . angesprochen, ob sich auch Seine Majestät schon so auf die Mehlspeise freue, antwortete dieser lakonisch: „Wie's fallt, mein lieber Graf! Wie's fallt!"

Mit dieser Auskunft wußte Herr von . . . wenig anzufangen, aber es wäre gegen jede Etikette gewesen, einer Antwort Seiner Majestät nachzufragen. Nur, als der Schmarren, in reichlich frischer Butter goldgelb gar gebacken, auf die Teller verteilt wurde, verzichtete der Kaiser, eine plötzliche Magenverstimmung vorgebend, auf seinen Teil, bat aber ausdrücklich die Herren, es sich nur schmecken zu lassen. Und wie es den Jägern schmeckte! Nicht ein Bröserl blieb zurück!

Beim Abstieg dann suchte unser Herr von . . . noch einmal die Nähe des Kaisers, weil ihm die Sache doch keine Ruhe ließ: „Majestät, ich bitte, es mir nicht übelzunehmen, aber wie war es zu verstehen, was Majestät mir vor der Hütte gesagt haben: Wie's fallt?" Da schmunzelte der hohe Herr und antwortete: „Ja, ham's denn, Graf, nicht das Nasentröpferl gesehen, das der Almerin die längste Zeit angehängt ist?!"

Warme Mehlspeisen

(Zur Nachspeis oder auch als bessere Fastenspeise zu empfehlen)

14. KAISERSCHMARREN

Man nehme:
20 dkg Butter
12 dkg Zucker, Vanille
6 Eier
16 dkg Mehl
¼ l Milch
6 dkg Rosinen
6 dkg Korinthen
Salz

14 dkg Butter werden flaumig abgetrieben, nach und nach der Zucker, ½ Kaffeelöffel Salz und sechs Dotter daruntergerührt. Dann wird, immer eines nach dem anderen, etwas Mehl und Milch dazugegeben. Wenn der Teig gut verrührt ist, kommen der Schnee von sechs Eiklar sowie die Rosinen und Korinthen dazu. Gut vermischen. In einer Kasserolle hat man 6 dkg Butter heiß werden lassen. Der Teig wird nun hineingegossen und die Kasserolle in das heiße Backrohr gestellt. Bis zum Gelbwerden backen lassen.

Hierauf wird der Teig mit zwei Gabeln in kleine Stücke zerpflückt, in einer Schüssel angerichtet und mit Staubzucker bestreut zu Tisch gebracht.

15. ECHTER KAISERSCHMARREN

Man nehme:
30 dkg Weizendunst
1 Seidel Obers
10 Eier
Staubzucker
Salz
15 dkg Butter

In einem Rührtopf wird das Mehl mit dem Obers und zehn Dottern abgerührt. Nachdem man noch vier Eßlöffel Staubzucker und eine Prise Salz dazugegeben hat, wird der Schnee von zehn Eiklar daruntergezogen und alles behutsam verrührt. In einer flachen Kasserolle läßt man die Butter heiß werden und gießt dann langsam den Teig ein. Der Schmarren wird am Herd und nicht im Rohr fertiggekocht. Hat er an allen Seiten schöne Farbe, wird er angerichtet und dicht mit Staubzucker bestreut. Nach Belieben reicht man dazu Zwetschkenröster oder anderes Kompott.

16. ZWETSCHKENKNÖDEL VOM TOPFENTEIG

Man nehme:
30 dkg Mehl
18 dkg Butter
25 dkg Topfen
2 Eier
⅛ l Milch
8 dkg Semmelbrösel
Salz
Bosnische Zwetschken

Auf einem Brett wird das Mehl mit 2 dkg Butter abgebröselt, dann mit den übrigen Zutaten abgearbeitet. Eine Prise Salz und so viel Milch wie notwendig, um den Teig geschmeidig zu machen, wird dazugegeben. Den Teig eine halbe Stunde zugedeckt rasten lassen! Dann wird er auf bemehltem Brett dünn ausgewalkt und daraus gleichmäßige Vierecke geschnitten, die der Größe der Zwetschken entsprechen müssen.

Die Zwetschken werden gut gewaschen, mit einem Tuch abgewischt und auf den Teig gelegt, der um die Zwetschken herumgeschlagen wird. Mit den Händen werden nun Knödel geformt und auf ein mit Mehl bestaubtes Brett gelegt. Eine Viertelstunde vor dem Servieren werden die Knödel in wallendes Salzwasser eingelegt und zehn Minuten zugedeckt kochen gelassen.

Währenddessen hat man 8 dkg Semmelbrösel in 16 dkg Butter gut geröstet. Die abgeseihten Zwetschkenknödel werden nun dazugetan, gut herumgerollt und in einer Schüssel, mit Zucker und Zimt bestreut, serviert.

17. PALATSCHINKEN

Man nehme:
20 dkg Mehl
2 Eier
Milch
Salz
Staubzucker
Schmalz

Das Mehl, die Eier, eine Prise Salz und ein Eßlöffel Staubzucker werden mit Milch zu einem dünnflüssigen glatten Teig abgesprudelt. In einer breiten, niederen Eisenpfanne läßt man einige Löffel Schmalz sehr heiß werden, gießt später so viel vom Fett, wie leicht abrinnt, ab und gibt dann einige Schöpfer vom nochmals gequirlten Teig in die Pfanne. Durch geschicktes, rasches Drehen und Schwenken wird der Teig hauchdünn in der Pfanne verteilt und goldbraun herausgebacken. Wenn eine Seite Farbe hat, wird die Palatschinke gewendet, wobei wieder ein wenig heißes Schmalz in die Pfanne getan wird.

Die fertigen Palatschinken können dann beliebig mit Topfenfülle (Rezept 101) oder Marmelade bestrichen, gerollt und mit Staubzucker überstreut werden. Mit zerlassener Schokolade gefüllt, mit Schlagobers und geriebenen Nüssen bedeckt, sind sie beliebter Abschluß eines festlichen Essens.

18. APFELSTRUDEL

Man nehme:
½ l Mehl
20 dkg Butter
1 Ei
¼ l lauwarmes Wasser
Salz
10 dkg Semmelbrösel
1 kg Äpfel
10 dkg Rosinen
Zimt, Zucker
10 dkg ausgelöste Nüsse

Auf dem bemehlten Brett wird ½ l Mehl mit der Butter und ½ Kaffeelöffel Salz abgebröselt. Der Teig wird zu einem Kegel geformt, mit einer Grube in der Mitte.

Da hinein kommt jetzt das ganze Ei. Unter Zugabe von lauem Wasser wird alles gut vermischt. Der Teig wird dann mit beiden Händen bearbeitet. Man muß ihn so lange kneten, bis er seufzt. Er wird nun zu einem Gupf geformt und auf dem bemehlten Brett unter einer tiefen warmen Schüssel eine halbe Stunde rasten gelassen. Inzwischen wird auf den Küchentisch ein weißes Tischtuch gebreitet, dieses gut bemehlt und darauf der Teig mit dem Nudelwalker so dünn wie möglich ausgewalkt. Dann faßt man mit beiden Händen, die Handrücken nach oben, unter den Teig, der durch sanftes Heben und Nach-außen-Streichen immer dünner ausgezogen wird.

Die Ränder, die nie ganz dünn werden, schneidet man weg. Dann wird der Teig mit etwas zerlassener Butter bestrichen, mit den in Butter gerösteten Semmelbröseln bestreut und mit den geschälten, blättrig geschnittenen Äpfeln, Zucker, Rosinen und Zimt bedeckt. Darüber streut man die grob geschnittenen Nüsse und rollt jetzt durch Anheben des Tischtuchs den Strudel zusammen. Die Enden werden gut zusammengedrückt und der Strudel so auf ein gefettetes Backblech gerollt, daß die glatte Seite nach oben kommt. Dann noch einmal mit Butter bestreichen und ins heiße Rohr schieben, wo er 30 bis 40 Minuten gebacken wird.

Diesen gezogenen Strudelteig kann man als Variante auch mit anderen Früchten füllen, so mit vom Stiel befreiten Kirschen oder mit blättrig geschnittenen Birnen. Auch vom Kern gelöste Zwetschken geben eine gute Fülle ab.

19. GRAMMELSTRUDEL

Man nehme:
14 dkg Grammeln
20 dkg Mehl
2 Eier
Staubzucker
Essig
Milch
1 kg Strudeläpfel
10 dkg Rosinen
10 dkg Kristallzucker
Zimt, Mandeln

Die Grammeln werden fein faschiert und mit dem Mehl, einem Dotter und je einem Eßlöffel Essig, Milch und Staubzucker auf dem Brett zu einem Teig abgearbeitet. Diesen läßt man eine halbe Stunde rasten. In dieser Zeit schält man die Äpfel, schneidet sie in nicht zu dünne Scheiben, mischt den Zucker, die Rosinen und ein bis zwei Teelöffel Zimt sowie die grobgehackten Mandeln darunter. Der Teig wird jetzt auf dem Brett messerrückendick ausgewalkt. Aus dem länglichen Fleck schneidet man das größtmögliche Rechteck, rollt es auf den Nudelwalker und bringt es so auf das vorbereitete Backblech. Der Länge nach legt man jetzt nur in der Mitte die Fülle aus. Links und rechts soll zweifingerbreit Teig freibleiben. Diesen Rand schlägt man zur Mitte und legt über die offene Mitte ein Gitter aus 1 cm breiten Teigstreifen, welche aus dem restlichen Teig geschnitten wurden. Dann wird der Strudel mit verklopftem Ei bestrichen, mit Staubzucker bestreut und im Rohr schön gelb gebacken.

20. GEBACKENE TOPFENNUDELN I

Man nehme:
6 dkg Butter
4 Eier
8 dkg Staubzucker
3 dkg Germ
$\frac{1}{16}$ l Obers
32 dkg Mehl
16 dkg Topfen
Salz

Die flaumig abgetriebene Butter wird mit drei Dottern und einem ganzen Ei gut verrührt. Ist das geschehen, kommen der Zucker und der fein passierte Topfen sowie eine Prise Salz dazu.

Inzwischen wurden 3 dkg Germ in $\frac{1}{16}$ l kaltem Obers aufgelöst. Zusammen mit dem Mehl wird jetzt alles gut vermischt. Der Teig wird so lange abgeschlagen, bis er seidig ist und sich vom Löffel löst. Nun läßt man ihn zugedeckt an einem warmen Platz stehen.

Wenn er um ein Drittel höher gestiegen ist, wird er auf einem bemehlten Brett zu fingerlangen und fingerdicken Würstchen geformt. Diese werden nicht zu eng nebeneinander auf ein bemehltes Blech gelegt. Zugedeckt läßt man sie noch eine Zeitlang gehen. Sie werden dann in sehr heißem Fett goldgelb herausgebacken und mit Zucker bestreut serviert.

21. GEBACKENE TOPFENNUDELN II

Man nehme:
¼ kg Topfen
10 dkg Butter
7 Eier
²/₁₀ l Obers
3 dkg Germ
½ kg Mehl
Staubzucker, Salz

Die Butter wird flaumig abgetrieben und dann mit dem fein passierten Topfen vermischt. Ein ganzes Ei und sechs Dotter werden nach und nach untergerührt. Zum Schluß wird die im Obers aufgelöste Germ dazugetan. Ein Eßlöffel Staubzucker und eine Messerspitze Salz kommen noch zur Masse, und dann wird so viel Mehl eingearbeitet, wie der Teig aufnimmt. Diesen läßt man schön aufgehen und formt dann auf dem bemehlten Brett fingerdicke, fingerlange Nudeln daraus. Diese legt man auf einer bemehlten Serviette aus, deckt sie zu und läßt sie noch einmal gehen. Dann werden sie in heißem Fett gebacken, mit Staubzucker bestreut und warm angerichtet. Dazu reicht man Kompott oder am besten Zwetschkenröster.

22. GEBACKENE MÄUSE

Man nehme:
6 dkg Butter
4 Eier
8 dkg Staubzucker
16 dkg Weimberln
¹/₁₆ l Obers
3 dkg Germ
32 dkg glattes Mehl
Salz, Himbeersaft

Die Butter wird flaumig abgetrieben, dann werden drei Dotter, ein ganzes Ei, eine Prise Salz und der Staubzucker beigemengt. Ist alles gut abgemischt, kommen die im Obers aufgelöste Germ und das Mehl dazu. Man rührt und schlägt den Teig so lange, bis er sich vom Kochlöffel löst. Dann läßt man ihn an einem warmen Ort aufgehen. Ist er um ein Drittel gestiegen, mischt man die säuberlich ausgeklaubten Weimberln darunter. In einer Kasserolle hat man Backfett sehr heiß gemacht und legt in dieses mit einem Löffel den Teig ein, dabei soll durch geschicktes Handhaben das eingelegte Teigstück an einem Ende zum Mausschwanzerl ausgezogen werden. In der Kasserolle vorsichtig geschüttelt, bäckt man die Mäuse gleichmäßig goldgelb. Mit dem Backlöffel herausgehoben, werden sie für Augenblicke auf Löschpapier gelegt, dann aber rasch noch warm gut gezuckert und mit Himbeersaft serviert.

✳✳✳✳✳✳✳✳✳✳✳✳✳✳✳✳

23. BÖHMISCHE DALKEN VOM GERMTEIG

Man nehme:
7 dkg Butter
4 Eier
1 Seidel Obers
2 dkg Germ
3 dkg Zucker
Salz
Mehl
Marmelade

Die Butter wird zuerst flaumig abgetrieben, dann kommen vier Dotter, das Obers, der Zucker, die Germ und eine Prise Salz dazu, alles wird gut verrührt und zuletzt mit so viel feinem Mehl vermischt, daß ein leichter Teig entsteht. Zu diesem kommt zuletzt noch der feste Schnee von vier Eiklar. (Der Teig soll doppelt so dick wie ein Schmarrenteig sein!) An einem warmen Ort so lange gehen lassen, bis er auf das Doppelte aufgegangen ist. Hat man kein eigenes Dalkenblech, werden auf einem gefetteten Blech mit einem Suppenlöffel geformte Teigdalken gebacken. Zuletzt gibt man Marmelade darauf, bestreut die Dalken mit Staubzucker und reicht sie warm zu Tisch.

✳✳✳✳✳✳✳✳✳✳✳✳✳✳✳✳ ✳✳✳✳✳✳✳✳✳✳✳✳✳✳✳✳

24. BUCHTELN

Man nehme:
½ kg Mehl
⅜ l Milch
4 dkg Germ
4 Eier
Zucker, Salz
10 dkg Butter
beliebige Fülle (siehe Seite 82 und 84)

Das Mehl kommt in eine tiefe Schüssel, und man macht in der Mitte eine Grube. Aus 4 dkg Germ, ¼ l lauer Milch und einem Kaffeelöffel Mehl rührt man ein Dampfl, das zugedeckt an einem warmen Ort gehen soll. Wenn es steigt, gibt man es in die Grube zum Mehl.

Inzwischen hat man ⅛ l Milch, drei Dotter, ein ganzes Ei, einen gehäuften Eßlöffel Zukker, einen halben Kaffeelöffel Salz und 10 dkg zerlassene Butter verquirlt. Diese Mischung kommt nun zum Teig, der damit gut verrührt und dann mit dem Kochlöffel so lange geschlagen wird, bis er sich vom Löffel löst. Den Teig dann zugedeckt gehen lassen. Wenn er zu doppelter Höhe gestiegen ist, nimmt man mit einem Eßlöffel beliebig große Stücke Teig und legt sie auf ein mit Mehl bestaubtes Brett. Dabei wird der Teig mit bemehlten Fingern auseinandergezogen. In die Mitte kommt ein Kaffeelöffel beliebiger Fülle. Man schließt den Teig über der Fülle und hebt die Buchteln, nachdem man sie in zerlassene Butter getunkt hat, in die Backform. Wenn diese mit den aneinandergereihten Buchteln gefüllt ist, breitet man ein Hangerl darüber und läßt den Teig noch etwas höher steigen. Bevor die Buchteln ins Rohr kommen, werden sie nochmals mit zerlassener Butter bestrichen.

Nach einer Dreiviertelstunde oder etwas mehr sind sie fertig. Sie werden überzuckert, geteilt und serviert.

✳✳✳✳✳✳✳✳✳✳✳✳✳✳✳✳

25. DUKATENBUCHTELN MIT CHAUDEAU

Man nehme:
32 dkg Butter
14 dkg Schmalz
20 Eier
⁷⁄₁₀ l Obers
3 dkg Germ
40 dkg Mehl
7 dkg Staubzucker
Vanillezucker, Salz

Zum Chaudeau:
24 dkg Vanillezucker
12 Eier
½ l Milch

Schmalz und 25 dkg Butter werden miteinander abgetrieben. 20 Dotter, ⁷⁄₁₀ l Obers und die Germ verrührt man gut, gibt eine Messerspitze Salz und einen Kaffeelöffel Vanillezucker dazu. Dann mischt man den Abtrieb und das Gerührte sowie das Mehl gut und schlägt den Teig, bis er sich vom Kochlöffel löst. Man läßt ihn im Weitling aufgehen und bringt ihn erst dann auf das bemehlte Brett, wo er daumendick ausgewalkt wird. Man sticht aus dem Teig mit einem ca. 2 cm großen Ausstecher die Buchteln und legt diese dicht in eine Kasserolle ein, in welcher man ½ l Obers, 7 dkg Butter und 7 dkg Staubzucker lau werden ließ. Nachdem die Buchteln nochmals aufgegangen sind, werden sie mit zerlassener Butter bestrichen und im Rohr gebacken. Heiß angerichtet, serviert man sie mit Vanillechaudeau, welches man aus 12 Dottern, 24 dkg Vanillezucker und ½ l Milch in einem Schneekessel über Dampf so lange geschlagen hat, bis es dick geworden ist. Die Masse darf nie zum Kochen kommen, da sonst die Dotter gerinnen.

✳✳✳✳✳✳✳✳✳✳✳✳✳✳✳✳✳✳✳✳

26. DAMPFNUDELN MIT EIERCREME

Man nehme:
10 dkg Butter
5 Eier
56 dkg Mehl
3 dkg Germ
Milch
⅛ kg Butter zum Zerlassen
Salz

Zur Eiercreme:
¼ l Obers
3 Eier
3 dkg Vanillezucker ✳✳✳✳✳✳✳✳✳✳

Die Butter wird in einer Schüssel flaumig abgetrieben, nach und nach rührt man zwei ganze Eier sowie drei Dotter ein. Dann gibt man die aufgelöste Germ, das Mehl und so viel Milch dazu, wie der Teig braucht, um sich gut abschlagen zu lassen. Obenauf mit ein bisserl Mehl bestreut und mit einer Serviette bedeckt, läßt man ihn jetzt an einem warmen Ort rasten. Auf dem bemehlten Brett teilt man dann den Teig in mehrere Stücke, rollt jedes davon zu einer daumendicken Rolle, von der man mit dem Messer die 3 bis 4 cm langen Nudeln schneidet. In die Kasserolle, in welche man noch fingerhoch Milch gegossen hat, werden jetzt Stück für Stück die Nudeln, welche vorher in zerlassener Butter gewendet wurden, sehr eng aneinandergesetzt, so läßt man sie noch einmal ordentlich aufgehen. Dann erst bäckt man die Nudeln im heißen Rohr zu schöner Farbe, während man auf dem Herd die Eiercreme als Überguß bereitet. Zu dieser wird das Obers im Schneekessel über Dampf mit drei Dottern und dem Vanillezucker so lange geschlagen, bis die Mischung schön cremig ist. Nach dem Backen stürzt man die Dampfnudeln aus der Form, teilt sie auseinander, richtet sie, mit Staubzucker bestreut, auf gewärmter Platte an und serviert dazu die heiße Eiercreme.

27. GERMKNÖDEL

Man nehme:
½ kg Mehl
2 dkg Germ
1 Ei
1 dkg Butter
½ l Milch
Salz, Zucker
¼ kg Powidl

Zum Servieren:
geriebenen Mohn oder geriebenen Lebkuchen oder heiße Butter, Semmelbrösel

Das Mehl kommt in einen Weitling, in der Mitte wird eine Vertiefung gemacht, in die man ⅛ l laue Milch (in der man mit etwas Zucker die Germ aufgelöst hat) schüttet. Dieses Dampfl muß ordentlich gehen, bevor die übrige Milch, das Ei, die Butter und eine Prise Salz hineingetan und zu einem festen Teig abgeschlagen werden. Den fertigen Teig läßt man, wenn er sich vom Kochlöffel löst, an einem warmen Ort gehen. Ist er drei bis vier Finger hoch gestiegen, wird er in gleichmäßigen Stükken auf ein bemehltes Nudelbrett gebracht und mit den Fingern auseinandergezogen. In die Mitte kommt ein Eßlöffel Powidl. Nun wird der Teig fest darüber verschlossen. Man formt schöne Knödel und legt sie auf dem bemehlten Brett zum Gehen auf. Zehn Minuten vor dem Anrichten kommen sie in siedendes Salzwasser. Während des Kochens wendet man die Knödel mehrmals, damit sie auf beiden Seiten gleichmäßig garen. Die fertigen Germknödel werden mit einem Schaumlöffel auf eine gewärmte flache Schüssel gehoben und nach Gusto mit Mohn, gerösteten Bröseln oder geriebenem Lebkuchen bestreut, gezuckert und mit reichlich heißer Butter übergossen. Sie sollen gleich zu Tisch gebracht werden.

Als Hauptspeise rechnet man zwei, als Nachspeise je einen Knödel pro Person.

Noch meine Mutter zelebrierte die Bereitung des Germteiges, als handle es sich dabei um eine mystische Kulthandlung, die nur von den Priesterinnen des Herdes unter Beachtung strengster Rituale vollbracht werden konnte. Wehe, wenn da jemand ein Fenster auch nur fingerbreit öffnete, schon ertönte der Kassandraruf: „Mein Germteig! Es zieht!" Am besten war es, wenn man als Nichteingeweihter den Bereich der Küche in weitem Bogen umging, wobei darauf zu achten war, daß auch drei Zimmer weiter ja niemals zwei einander gegenüberliegende Türen gleichzeitig geöffnet wurden. Denn wie durch geheime Antennen wurde dieser Frevel in der weit entfernten, noch von mehreren dazwischenliegenden, wohlverschlossenen Türen geschützten Küche registriert: „Tür zu! Er fällt ja zusammen!"

Später, als ich mich selbst ans Germteigbacken wagte, stellte ich fest, daß unsere Köchinnen alle ein bisserl übertrieben ängstlich waren. Oder war das Germteigzeremoniell vielleicht ein Versuch der Emanzipation? Hatten die Frauen sich da einen Bereich erhalten, in dem der Mann, sonst das Haupt der Familie, einfach nichts galt und er sich, wenn die Stunde des Germteiges schlug, sogar auf Filzpantoffeln durch die Räume schlich, um nicht vielleicht durch Erschütterung das Werk der Köchin zu gefährden?

Übrig bleibt aber die Regel: Germteig liebt Wärme und einen zugfreien Raum. Extreme Temperaturschwankungen können das Ergebnis wirklich beeinträchtigen. Der Teig bleibt sitzen und wird speckig. Was aber merkwürdigerweise von manchen Leuten ganz besonders goutiert wird. Otto, der Mann von der Tante Fini, zum Beispiel nörgelte zehn Jahre lang an allem, was seine Frau aus Germteig bereitete, herum.

Dabei war Tante Fini eine Meisterin in ihrem Fach. Niemand konnte duftigere Gugelhupfe, saftigere Nußpotizen und auf der Zunge zergehende Germknödel machen. Aber Otto fand an allem kein Gefallen: „Wenn ich an den Germteig meiner Kindheit denk' Fini, es ist halt kein Vergleich!" Wie schon gesagt, zehn Jahre lang schluckte sie jede Antwort, die ihr auf der Zunge lag, hinunter, so, wie es sich für eine gute Ehefrau gehörte. Nur eines Tages, als sie wieder einen Gugelhupf vorbereitete, passierte es. Fini hatte alle Türen fest verschlossen und wußte ihren Teig in warmer Hut. Sie hatte nur auf Karo vergessen, den Riesenschnauzer der Familie, der als neuestes Kunststück mühelos alle Türen öffnen konnte. Und als Fini aus dem Garten zurückkam, konnte sie nur mehr die Hände ringen über dieses Unglück, aber zu helfen war da nichts mehr. Also hinein ins Backrohr mit dem gefährdeten Gugelhupf. Das Ergebnis war traurig – sitzengeblieben, schwer und speckig. Fini traute sich gar nicht, ihn zu Tisch zu bringen, aber was mußte sie erleben: als sie am Abend in die Küche kam, stand Otto bei der Kredenz und hatte sich über den Gugelhupf hergemacht. Genüßlich mampfte er ein großes Stück und lobte ganz verklärt: „Jetzt hast' es, Fini! Wie bei der Mama! Wie bei der Mama!"

Gugelhupfe
und Kolatschen aller Arten

Faschingskrapfen
und was sonst noch mit Germ
bereitet wird

28. KAISERGUGELHUPF

Man nehme:
28 dkg Butter
28 dkg Mehl
14 Eier
⅛ l Obers
2 dkg Germ
10 Mandeln
Salz, Vanillezucker

Die Butter muß sehr flaumig gerührt werden. 14 Dotter, drei Löffel Vanillezucker, vier Löffel lauwarmes Obers und die Germ werden mit einer Prise Salz ebenfalls abgerührt und dann gut mit der flaumigen Butter vermischt. Wenn man aus sieben Eiklar einen festen Schnee geschlagen hat, wird er zugleich mit dem Mehl unter die Masse gezogen.

Eine große Gugelhupfform wird mit der Butter ausgeschmiert und den stiftelig geschnittenen Mandeln ausgelegt. Die Form bis zur Hälfte mit Teig füllen, in Ruhe aufgehen lassen, dann langsam backen. Nach dem Stürzen gleich mit Vanillezucker bestreuen.

29. HAUSGUGELHUPF

Man nehme:
11 dkg Butter
11 dkg Schmalz
28 dkg Mehl
10 Eier
7 dkg Vanillezucker
3½ dkg Germ
⅛ l Obers
10 dkg Mandeln
5 dkg Rosinen
Salz

Butter und Schmalz werden schaumig abgetrieben und mit zehn Dottern vermischt. Dann kommt der Vanillezucker, die aufgelöste Germ, eine Prise Salz, acht Eßlöffel Obers und zuletzt das Mehl dazu. Wenn die Masse gehörig verrührt ist, mischt man noch die gestiftelten Mandeln und die ausgeklaubten, sauberen Rosinen darunter und gießt diesen Teig in die gut gefettete, gefehte Gugelhupfform. Man läßt ihn darin mindestens eine Dreiviertelstunde lang aufgehen und dann im Rohr eine Stunde backen. Aus der Form stürzen und reichlich mit Vanillezucker bestreuen.

30. DER MOHR VON VENEDIG

Man nehme:
14 dkg Butter
14 dkg Schmalz
8 Eier
⅛ l Obers
3 dkg Germ
25 dkg Mehl
25 dkg Staubzucker
30 dkg Mohn
1 Zitrone
Salz

In einer tiefen Schüssel treibt man die Butter und das Schmalz gut ab und rührt nach und nach vier ganze Eier und vier Dotter dazu. Drei Löffel Obers und die aufgelöste Germ werden später mit dem Mehl beigegeben und alles zu einem leichten Teig, in den man noch eine Prise Salz tut, abgearbeitet. Zuletzt mischt man den geriebenen Mohn und den Staubzucker dazu, reibt die Schale einer halben Zitrone unter, gibt den fertigen Teig in eine Tortenform und bäckt ihn im Rohr. Vor dem Auftragen wird er noch mit Staubzucker bestreut.

31. MARTINIKIPFERLN

Man nehme:
13 dkg Schmalz
25 dkg Mehl
4 dkg Staubzucker
3 dkg Germ
1 dl Obers
15 dkg Mandeln
8 dkg Feinkristallzucker
1 Ei
1 Zitrone, Muskatblüte
Zimt, Salz

Man nimmt vom Obers ein wenig und setzt mit einem Löffel Zucker, etwas Mehl und der Germ ein Dampfl an. Dann treibt man das Mehl mit dem Schmalz und dem Obers gut ab, gibt ein wenig geriebene Zitronenschale und eine Prise gemahlene Muskatblüte dazu, mischt das gegangene Dampfl darunter und schlägt den Teig, bis er Blasen wirft. Mit etwas Mehl bestreut, läßt man ihn gut aufgehen. Danach salzt man ihn ein bißchen, knetet ihn noch einmal durch und walkt ihn auf dem Nudelbrett zweimesserrückendick aus, zerschneidet ihn in Dreiecke von ca. 10 bis 12 cm Seitenlänge, bestreut diese mit geriebenen Mandeln, etwas Zimt und Zucker, rollt sie ein und biegt sie zu Kipferln, welche Stück für Stück in gehörigem Abstand auf ein auf dem Backblech gebreitetes, gut gebuttertes Papier gelegt werden. Nun bestreicht man die Kipferln mit verschlagenem Ei und bestreut sie mit einer Mischung aus feingehackten Mandeln, Feinkristallzucker und einer Prise Zimt. Ins Rohr geschoben, bäckt man die Kipferln schön resch, bestreut sie nach dem Auskühlen noch mit reichlich Staubzucker und bringt sie so zu Tisch.

32. WIENER FASCHINGSKRAPFEN

Man nehme:
50 dkg Mehl
7 Eier
11 dkg Butter
3½ dkg Germ
Staubzucker
¹⁄₁₀ l Obers
Zitrone
Salz
Marillenmarmelade
Rum
Backfett

Im Rohr wird in einer Schüssel das Mehl lauwarm gemacht. In einem Topf werden sechs Dotter und ein ganzes Ei verschlagen. Dann gießt man das Obers und die zerlassene Butter, die aber nicht heiß sein darf, hinein. Später gibt man die Germ, zwei Eßlöffel Staubzucker, die abgeriebene Schale einer halben Zitrone und eine Prise Salz dazu, quirlt alles gut durcheinander und macht dann mit dem warmen Mehl den Teig ab. Dieser wird aber nicht geschlagen, sondern nur gut und bindend verrührt.

Der Teig kommt gleich auf das bemehlte Nudelbrett, man walkt ihn fingerdick aus und sticht mit dem Krapfenstecher runde Scheiben aus. Auf jede kommt ein Kaffeelöffel Marillenmarmelade, die man mit ein wenig Rum aufgerührt hat. Man deckt mit einem zweiten Teigstück zu, drückt die Ränder gut aneinander, legt die Krapfen auf eine bemehlte Serviette und läßt sie dort zur doppelten Größe

aufgehen. Dann werden die Krapfen in recht heißes Schmalz (dem man auch, was besonders gut ist, einige Löffel Pferdeschmalz beigeben kann) eingelegt. Man deckt die Backpfanne mit dem Deckel zu. Haben die Krapfen eine schöne Farbe, werden sie gewendet und in der offenen Pfanne fertiggebacken. Das Fett soll in der Pfanne nicht allzu hoch stehen, da sonst der beliebte weiße Rand in der Krapfenmitte nicht gelingt. Möglichst frisch serviert, werden sie mit Staubzucker bestreut. Besonders zierlich sieht es aus, wenn man sich aus dickem Papier eine Schablone mit einem Stern, einer Rosette oder einer Herzform schneidet und so ein Staubzuckermuster streut.

33. KÄRNTNER REINDLING

Man nehme:
20 dkg Butter
4 dl sauren Rahm
ca. 80 dkg Mehl
6 Eier
7 dkg Staubzucker
3 dkg Germ
10 dkg Feinkristallzucker
15 dkg Mandeln
Zimt, Salz

34. WEIHNACHTSSTRIEZEL

Man nehme:
50 dkg Mehl
9 dkg Butter
10 dkg Staubzucker
5 dkg Hagelzucker
2½ dkg Germ
¼ l Obers
1 Zitrone
7 dkg Sultaninen
7 dkg Mandeln
1 Ei

Auf dem Nudelbrett wird die Butter mit dem Mehl verwalkt, der Zucker dazugegeben, die abgeriebene Schale einer halben Zitrone, die aufgelöste Germ und nach und nach das Obers untergearbeitet, bis ein fester Teig entstanden ist. Er soll unter den Händen seufzen. Ist er richtig, läßt man den Teig gehörig aufgehen und knetet dann noch die gewaschenen, ausgesuchten Sultaninen und die grobgehackten Mandeln in die Masse. Dann teilt man den Teig in zwei Hälften; aus der einen macht man vier Teile, aus der zweiten aber fünf. Aus den vier größeren Stücken, welche mit der Hand in längliche Streifen gerollt wurden, flicht man wie einen Zopf den untersten Teil. Aus drei Teilen der zweiten Hälfte macht man den nächsten Zopf, legt ihn auf den ersten und darüber kommen die zwei restlichen Teile, die schön verschlungen wurden. Man kneift die Enden der Zöpfe gut zusammen, bestreicht den Striezel mit verschlagenem Ei, bestreut ihn mit Hagelzucker und läßt ihn eineinhalb Stunden an einem wohltemperierten Ort aufgehen. Dann wird er im Rohr ca. eine Stunde langsam gebacken.

14 dkg Butter werden in einer Schüssel gut abgetrieben. In einer zweiten werden der Rahm, sechs Dotter, die aufgelöste Germ und der Staubzucker sowie eine Prise Salz gut verquirlt. Dann gibt man immer eine Handvoll Mehl in die abgetriebene Butter, gießt immer ein wenig von dem Abgequirlten dazu und treibt die Masse gut ab. So macht man weiter, bis der ganze Eierrahm verarbeitet und ein guter Teig gemischt ist. Dieser wird ordentlich abgeschlagen, bis er Blasen wirft und sich vom Kochlöffel löst. Dann bestreut man eine große, auf dem Nudelbrett ausgebreitete Serviette mit Mehl und walkt darauf den Teig zweimesser-rückendick aus, beschmiert ihn reichlich mit der zerlassenen restlichen Butter und bestreut den Teig mit einem Gemisch aus den geriebenen Mandeln, dem Kristallzucker und dem nach Geschmack beigegebenen Zimt. Man rollt den Teig durch Aufheben der Serviette zu einem Strudel, den man schön rund in die gefettete, gefehte Gugelhupfform einlegt und dort noch drei Viertelstunden lang gehen läßt. Danach wird er im Rohr mindestens eine Dreiviertelstunde bei mittlerer Hitze gebacken. Aus der Form gestürzt, wird der Reindling noch warm mit Zucker und Zimt bestreut.

✿✿✿✿✿✿✿✿✿✿✿✿✿✿✿✿✿✿✿✿ ✿✿✿✿✿✿✿✿✿✿✿✿✿✿✿✿✿✿✿✿

35. BÖHMISCHE KOLATSCHEN

Man nehme:
10 dkg Schmalz
10 dkg Butter
7 Eier
3 dkg Germ, 1 dl Milch
½ kg glattes Mehl
Staubzucker, Salz, 1 Zitrone
Mandeln

In einer Schüssel werden Schmalz und Butter abgetrieben. Dann rührt man nach und nach sechs Dotter, den festen Schnee von vier Eiklar, eine Prise Salz, die in lauer Milch mit einem gehäuften Löffel Staubzucker aufgelöste Germ und die abgeriebene Schale einer halben Zitrone darunter. Nun gibt man das Mehl dazu und schlägt den Teig mit dem Kochlöffel so lange ab, bis er sich von diesem löst. Während er jetzt, mit Mehl bestaubt und einem sauberen Hangerl bedeckt, aufgeht, bereitet man die gewünschte Fülle (siehe Kolatschen-, Buchtel- und Krapfenfülle, Seite 82 und 84). Ist der Teig gut gegangen, wird er stückweise auf einem bemehlten Brett recht dünn ausgewalkt und in gleichmäßige Quadrate geschnitten. In die Mitte jedes Vierecks gibt man ein Häufchen Fülle und knüpft alle vier Teigspitzen, jeweils die einander gegenüberliegenden, in der Mitte zusammen und legt die Kolatschen auf ein mit Butter gut geschmiertes Blech. Mit aufgeschlagenem Ei bestrichen und mit kleingehackten Mandeln bestreut, läßt man sie noch ein wenig aufgehen und bäckt sie dann im gut erhitzten Backrohr. Fertig gebacken, werden sie zum Anrichten noch mit Staubzucker bestreut.

36. KARLSBADER KOLATSCHEN

Man nehme:
14 dkg Schmalz
14 dkg Butter
⅛ l Obers
9 Eier
3 dkg Germ
2 dkg Staubzucker
Salz
½ kg glattes Mehl
Marmelade zur Fülle
15 dkg Mandeln

Butter und Schmalz werden zusammen gut abgetrieben. Neun Dotter werden dazugeschlagen, die in acht Löffel Obers gelöste Germ, der Staubzucker und eine Prise Salz kommen auch dazu, bevor man das Mehl untermischt und alles ordentlich abtreibt. Der Teig bleibt dann in der Schüssel eine Viertelstunde stehen. Auf dem Backblech legt man gut mit Butter beschmiertes Papier aus und setzt darauf mit dem Löffel gleichmäßige, runde Häufchen vom Teig, drückt in die Mitte ein Grübchen, in das ein Kaffeelöffel Marmelade kommt. Über der Fülle macht man den Teig wieder gut zusammen und gibt auf die Kolatschen je einen Löffel vom festgeschlagenen Schnee der neun Eiklar, streut darüber noch geriebene Mandeln sowie Staubzucker. Nachdem die Kolatschen ein wenig aufgegangen sind, werden sie im Rohr schön semmelfarben gebacken und nach dem Auskühlen nochmals gezuckert und angerichtet.

✿✿✿✿✿✿✿✿✿✿✿✿✿✿✿✿✿✿✿✿ ✿✿✿✿✿✿✿✿✿✿✿✿✿✿✿✿✿✿✿✿

✿✿✿✿✿✿✿✿✿✿✿✿✿✿✿✿✿✿✿✿✿✿✿✿✿✿✿✿✿✿✿✿✿✿✿✿

37. BLÄTTERKOLATSCHEN

Man nehme:
9 Eier
¼ l Obers
7 dkg Butter
3 dkg Germ
Staubzucker, Salz
Zitrone
½ kg glattes Mehl
Mandeln
Powidelfülle

In einer hohen Kasserolle zerquirlt man acht Dotter, 16 Eßlöffel Obers, 7 dkg zerlassene Butter und 3 dkg aufgelöste Germ, gibt drei Löffel Staubzucker, die geriebene Schale einer halben Zitrone und einen halben Kaffeelöffel Salz dazu. Diese Mischung wird mit dem Mehl zu einem festen Teig abgearbeitet. Er muß geschlagen werden, bis er zu seufzen und sich vom Kochlöffel zu lösen beginnt. Ist er fertig, kommt der Teig auf eine kleine, gut mit Mehl bestreute Serviette, deren vier Zipfel man locker über dem Teig zusammendreht. Der Teig wird in dieser Serviette jetzt in ein tiefes Gefäß mit gerade noch handwarmem Wasser getan, das man an einen wohltemperierten Platz stellt. Wenn der Teig gegangen ist und an der Oberfläche des Wassers schwimmt, wird er herausgenommen, in der Serviette etwas ausgedrückt und auf einem gut bemehlten Brett kleinfingerdick ausgewalkt. Mit einem Wasserglas sticht man nun runde Kolatschen aus. Diese werden mit aufgeschlagenem Ei bestrichen, und in die Mitte kommt ein Löffel Powidel, auf den man eine halbe Mandel legt. Nun hebt man die Kolatschen auf ein gut gefettetes Blech und läßt sie im Rohr langsam backen. Vor dem Servieren bestreut man sie noch reichlich mit Staubzucker.

✿✿✿✿✿✿✿✿✿✿✿✿✿✿✿✿✿✿✿✿✿✿✿✿✿✿✿✿✿✿✿✿✿✿✿✿

❀❀❀❀❀❀❀❀❀❀❀❀❀❀❀❀

38. RADETZKYKOLATSCHEN

Man nehme:
14 dkg Butter
28 dkg Mehl
4 Eier
²/₁₀ l Obers
3 dkg Germ
Staubzucker
Salz

Brösle auf einem Nudelbrett die Butter mit dem Mehl und einer Prise Salz gut ab, mache in der Mitte eine Grube und gib in diese vier Dotter, die im Obers aufgelöste Germ und drei Eßlöffel Staubzucker und arbeite den Teig gut ab. Er wird wie Blätterteig mehrmals ausgewalkt und immer wieder zusammengelegt. Der Teig muß jetzt eine Weile an einem warmen Ort, mit einer gewärmten Schüssel zugedeckt, gut rasten. Dann wird er zweimesserrückendick ausgewalkt und in gleich große Quadrate geschnitten. Alle vier Ecken in der Mitte zusammengelegt, werden die Kolatschen auf das gefettete Blech getan und, nachdem sie aufgegangen sind, gebacken. Sie können auch mit Topfen- oder Powidelfülle gefüllt werden (siehe diese).

❀❀❀❀❀❀❀❀❀❀❀❀❀❀❀❀

39. GEWICKELTE ZIMTNUDELN

Man nehme:
20 dkg Butter
5 Eier
²⁄₁₀ l Obers
3 dkg Germ
½ kg Mehl
Salz, Zimt, Feinkristallzucker
½ l Milch

14 dkg Butter werden abgetrieben und dann mit fünf Dottern und der im lauen Obers gelösten Germ verrührt. Ein halbes Kaffeelöf-ferl Salz kommt mit dem Mehl dazu, und die Masse wird gut abgeschlagen. Wenn der Teig im Weitling genügend gut gegangen ist, wird er am Brett messerrückendick ausgewalkt und in fingerbreite, dreifingerlange Streifen geschnitten. Jeder dieser Teigflecken wird dicht mit einem Zimt-Zucker-Gemisch bestreut und dann zusammengerollt. Jede Rolle wird, mit Butter bestrichen, in eine gut gefettete Kasserolle gestellt. Ist die Form gefüllt, gießt man ½ l kochende Milch darüber und bäckt die Zimtnudeln langsam im Rohr. Aus der Kasserolle gestürzt, werden sie gut mit Staubzucker bestreut und angerichtet.

❋❋❋❋❋❋❋❋❋❋❋❋❋❋❋❋❋❋❋❋❋❋❋❋❋❋❋❋❋❋❋❋❋❋❋

40. BÖHMISCHE KOLATSCHEN, FEINSTER ART

Man nehme:
¾ kg glattes Mehl
57 dkg Butter
9 Eier
³⁄₁₀ l Obers
3 dkg Germ
Staubzucker
Salz, Muskatblüte

7 dkg Butter werden in das in eine Schüssel gegebene Mehl geschnitten. In einem Töpfchen quirlt man acht Dotter, das Obers, drei Löffel Staubzucker und 3 dkg Germ sehr gut durcheinander, gießt diese Mischung zum Mehl und arbeitet den Teig gut ab, bis er seufzt und sich vom Kochlöffel löst. Zum Schluß kommen noch eine Prise Salz und ein wenig geriebene Muskatblüte in den Teig, den man rasten und an einem warmen Platz aufgehen läßt. Während dessen walkt man die restliche Butter auf einem bemehlten Brett, bestäubt sie dabei mit Mehl und legt sie mehrfach zusammen, walkt sie wieder aus und formt sie zu einem runden Fladen. Man legt diesen auf einen Teller, deckt ihn mit einem zweiten zu und gibt die Butter so in den Eiskasten, wo sie sehr kalt werden soll.

Nachdem der Teig aufgegangen ist, läßt man ihn auskühlen und walkt ihn erst dann am Brett fingerdick aus, walkt auch die Butter zu gleicher Dicke und legt sie auf den Teig. Man verfährt jetzt mit oftmaligem Zusammenlegen und Walken wie beim Butterteig (siehe Seite 12).

Ist dies viermal getan, walkt man den jetzt fertigen Teig wiederum kleinfingerdick und schneidet ihn in kleine viereckige Stücke, diese werden beliebig gefüllt.

Die vier Teigspitzen werden in der Mitte verknüpft, mit verschlagenem Ei bestrichen und auf das Blech, das mit einem unbeschmierten Papier ausgelegt ist, gesetzt. Nachdem sie nochmals ordentlich gegangen sind, bäckt man sie im Rohr zu schöner Farbe.

41. KLETZENBROT (FÜR DIE GANZE FAMILIE)

Man nehme:
2½ kg Mehl
30 dkg Butter
8 dkg Germ
Milch
Salz
1 kg Rosinen
1 kg Weimberln
½ kg ausgelöste Datteln
1 kg Feigen
½ kg Zitronat
½ kg Aranzini
1 kg Mandeln
½ kg Pignolien
½ kg Nußkerne
1 kg Kletzen
¾ kg Dörrzwetschken
1 Zitrone
1 Orange
Zimt, Nelken
⁴⁄₁₀ l Rum
¹⁄₁₀ l Slibowitz
2 Eier

Im Weitling wird das angewärmte Mehl mit lauwarmer Milch, der zerlassenen Butter und dem Dampfl von 8 dkg Germ zu einem festen, glatten Germteig abgeschlagen, dem man auch eine Prise Salz beigibt. Zugedeckt läßt man den Teig an einem warmen Platz gehörig aufgehen. Am Tag vorher hat man schon die Früchte kleingeschnitten. Die Kletzen und die Zwetschken sind weichgekocht, letztere entkernt worden. Nüsse und Mandeln werden grob gehackt, die Pignolien bleiben ganz. Mit dem Saft einer Zitrone und einer Orange, dem Rum sowie je einem Eßlöffel geriebenem Zimt und Nelken wird alles gut durcheinandergemischt. Die kleingehackte Zitronen- und Orangenschale legt man über Nacht in ein Häferl Slibowitz und gibt sie erst am nächsten Tag dazu. Vom gut gestiegenen Germteig nimmt man jetzt ein Drittel und zupft dieses in kleinen Stücken in die Früchtemischung, arbeitet Teig und Früchte so durcheinander, bis der Teig nicht mehr zu sehen ist. Aus dieser Masse formt man nun längliche Brote, die man jeweils auf ein passendes Stück von dem dünn ausgewalkten weißen Teig legt. Man hüllt den Früchteteig völlig ein, zupft den überflüssigen Teig weg und legt das Kletzenbrot jetzt umgedreht auf das geschmierte und gefehte Blech, auf welchem die Brote, mit einer Serviette bedeckt, ordentlich gehen sollen. Dann wird die Oberseite mit verklopftem Ei bestrichen und mehrmals mit der Spicknadel eingestochen. Im Rohr sollen die Brote eine gute Stunde backen. Man kann die Oberseite nach Belieben auch noch mit aufgelegten Pignolien, kandierten Kirschen, geschnittenen Angeliken etc. verzieren.

Eine große Zahl der k. und k. Rezepte stammt aus dem handgeschriebenen Kochbuch meiner Urgroßmutter Auguste Antonie Maria Theresia. Das „Gukkerl", wie sie genannt wurde, stammte aus einer kleinbürgerlichen Familie mit 12 Kindern, wo man, außer mit Vornamen, mit allem sparen mußte. Nach der Bürgerschule – mehr Möglichkeiten gab es damals für ein Mädchen nicht – fanden die Eltern für sie einen Lehrplatz in der Schloßküche des Fürsten Ypsilanti in Rappoltenkirchen, wo sie „zu größter Zufriedenheit, besonders fleißig, reinlich und allzeit ehrlich" zur perfekten Köchin heranwuchs. Sie verlegte sich aber dann mehr auf Mehlspeisen aller Arten und war (ihr guter Ruf war die beste Reklame) eine begehrte Fest- und Hochzeitsköchin, die in die Häuser kochen ging, wenn es galt, ein großes Essen auszurichten.

Oft bedienten sich auch Familien bei kleineren Anlässen ihrer Kochkünste, wenn der erhoffte Zweck die Kosten vertretbar erscheinen ließ. Und diesem Umstand verdankte unser Urgroßpapa die Urgroßmama!

Der „schöne Franz" war, nachdem er sich als vermischter Warenhändler niedergelassen hatte, ein begehrter Junggeselle im Ort, dem jedes junge Mädchen, so auch die Gucki, verstohlen, aber wohlwollend nachsah . . .

Da waren dann noch die drei Töchter aus der Mühle, die, trotz einer zu erwartenden nicht unbeträchtlichen Mitgift, schon hoch in den Zwanzigern und noch immer nicht unter der Haube waren. Da, wie es heißt, aus nichts nichts wird, ergriffen die Müllerischen Eltern die Initiative und zogen mit oftmaligen Einladungen den schönen Franz ins Haus. Wobei sorgfältig darauf geachtet wurde, daß er immer nur die Gesellschaft der ältesten Tochter Ida genießen konnte, um nur ja jede eventuelle Gefühlsäußerung in Richtung der jüngeren Schwestern von vornherein zu unterbinden. Das war eiserner Brauch: bevor nicht die Älteste aus dem Haus war, gab es für die Jüngeren keine Hoffnung auf ein offizielles Liebesglück.

Umsichtig, wie Mütter lediger Töchter nun einmal sind, wußte die Müllerin bald, daß der schöne Franz ganz besonderen Wert auf eine gute Küche legte. Da es aber mit dieser Kunst bei ihren Töchtern nicht weit her war, versicherte man sich der Kenntnisse der lieben Gucki. Und die falschen Weiber bedienten sich ihrer Kochkunst genauso wie fremder Haarteile, künstlicher Hüftpolster und ähnlicher Hilfsmittel, um den Freier in spe zu täuschen!

Aber der liebe Franz war ein vorsichtiger Bursche und dachte immer an den weisen Spruch, den ihm sein Vater auf den Lebensweg mitgegeben hatte:

„Such nie ein Haus im Winter – wenn dir kalt ist, gefällt dir bald etwas!

Such nie eine Braut im Frühling – wenn dir heiß ist, gefällt dir bald eine!

Und wenn du glaubst, du hast im Herbst die Richtige gefunden, dann erkläre dich erst, wenn du sie überraschend unangemeldet einmal am Morgen besucht hast!"

Schon glaubte die Müllerfamilie den begehrten Franz in der Falle – lobte er doch bei den immer öfter arrangierten Abendessen die Kochkunst des Fräulein Ida hoch. Beim diskreten Kerzenschein sah Ida, die wohlgeschnürte, aufgeputzte, um Jahre jünger aus, und als ihm zum Abschluß des Essens seine Lieblingsmehlspeis serviert wurde, wäre nach Genuß dieser einmalig duftigen Faschingskrapfen beinahe sein Herz dahingeschmolzen. Noch ganz Entzücken über den gehabten Genuß fragte er die über das Lob pflichtschuldigst hold errötende Ida nach dem Rezept dieser Köstlichkeit. Sie wußte nicht, daß Franz, wie seit Generationen alle Männer unserer Familie, selbst gerne kochte.

Ida konnte ihm das Rezept leider nicht sagen, da der Mama im rechten Augenblick ein Malheur passierte: mit einer ungeschickten Bewegung warf sie ein Weinglas um, und der Rotwein floß Ida über den Rock. Großes Entsetzen und viele Entschuldigungen der Gastgeberin – aber der Abend hatte ein abruptes

Amor's Waffen.

Von allen Göttern alter Zeit
Ist Amor uns geblieben.
Wie früher, lehrt er heute noch
Das ew'ge Lied vom Lieben.

Sieht man sein kindlich Conterfei,
Die schelmischen Geberden,
So glaubt man nimmermehr, daß er
Könnt' so gefährlich werden.

Drei Pfeile hat er, die er stets
Aus gold'nem Köcher sendet,
Und was dem ersten nicht gelingt,
Der zweite oft vollendet.

Die Macht des dritten ist bekannt,
Ihm ist der Sieg verbündet.
Der erste Pfeil — es ist der Blick,
Der, wo er trifft, entzündet;

Der zweite ist der Druck der Hand,
Wegweiser süßer Minne;
Der dritte Pfeil — es ist der Kuß,
Verwirrend Herz und Sinne.

Mit Blick und Händedruck und Kuß
Herrscht Amor hier auf Erden.
Wer nicht durch sie verwundet ward,
Kann nimmer selig werden!

Fr. Wilibald Wulff.

Ende genommen. Schade, wo doch schon insgeheim der Verlobungschampagner eingekühlt war!

Als der schöne Franz die Damen verließ, sah er, ebenfalls vom Müllerhaus kommend, ein schlankes hübsches Mädel, eine reizende Silhouette, um die nächste Ecke biegen. Wer das wohl gewesen war?

Am nächsten Morgen machte Franz, sich seines Vaters Rat besinnend, einen unangemeldeten Besuch bei seiner Beinahe-schon-Braut. Ein verlegen ihm öffnender Dienstbote wußte nicht recht, was tun: Die Damen seien noch nicht auf, aber sie wolle sie gleich holen! Im hellen Morgenlicht standen noch die Reste des Abends auf dem Tisch, über einem Sessel lag, hingeworfen, Idas Staatskleid mit dem Rotweinfleck, und am Tischchen vor dem venezianischen Spiegel lagen die Locken, die ihn in den Ehestand verlocken sollten . . .

Gerade, als er sich zum Gehen umwenden wollte, trat Gucki ins Zimmer und mußte hell auflachen, als sie den betretenen Freier in dieser Wirtschaft stehen sah.

„Gell, Franz, du kennst mich gar nimmer? Ich bin die Gucki vom Ferstlhaus!"

„Aber ja! Wir haben doch genug miteinander angestellt als Kinder!" erinnerte er sich fröhlich.

„Und, du – nicht, daß ich gehorcht hab' –, wenn'st das Krapfenrezept willst, ich schreib dir's auf. Aber jetzt muß ich in die Küche, kochen, du bist ja für heute mittag wieder eingeladen – oder nicht?"

Dieses Mittagessen mußte die Müllerfamilie leider ohne den schönen Franz einnehmen, und Ida sah er überhaupt erst wieder, als sie mit verkniffenem Gesicht in der Kirche stand, als er und Gucki einander vor dem Altar laut „ja!" sagten.

Vielerlei köstliche Torten aus Maroni, Nuß, Mohn und süßen Mandelkern'

```
❋❋❋❋❋❋❋❋❋❋❋❋❋❋❋❋❋❋❋❋❋❋❋❋❋❋❋❋❋❋❋❋❋❋❋❋
```

42. BOZENER KASTANIENTORTE – ONKEL GUIDO

Man nehme:
½ kg Kastanien
14 dkg Butter
21 dkg Staubzucker
10 dkg Mandeln
6 Eier
1 Zitrone
Semmelbrösel

Die Kastanien werden weichgekocht, geschält und mit dem Wiegemesser auf dem Nudelbrett recht klein zerschnitten. Dann rührt man die Butter schaumig, gibt die Kastanien, die geriebenen Mandeln, den Staubzucker und die abgeriebene Schale einer halben Zitrone dazu und treibt diese Masse eine halbe Stunde lang gut ab. Jetzt wird noch der sehr feste Schnee von sechs Eiklar untergemischt und der Teig in eine gut geschmierte, mit feinen Semmelbröseln gefehte Tortenform getan und im Rohr langsam gebacken. Aus der Form genommen und ausgekühlt, überzieht man sie mit beliebiger Glasur; soll die Torte besonders hübsch aussehen, schmückt man sie dann noch mit kandierten Früchten.

```
❋❋❋❋❋❋❋❋❋❋❋❋❋❋❋❋❋❋❋❋❋❋❋❋❋❋❋❋❋❋❋❋❋❋❋❋
```

43. FEINE MOHNTORTE À LA ONKEL RUCKI

Man nehme:
18 dkg Staubzucker
18 dkg Butter
6 Eier
18 dkg Mohn
18 dkg Zitronat
18 dkg Mandeln
Mehl oder Brösel

Butter und Zucker werden flaumig abgetrieben. Dann kommen nach und nach sechs Dotter, der gemahlene Mohn und das feingeschnittene Zitronat dazu, zuletzt der Schnee von sechs Eiklar und gleichzeitig die mit der Schale feingeriebenen Mandeln. Man mischt leicht durch und gibt die Masse in eine gebutterte, mit Mehl oder Bröseln gefehte Torten- oder Wandelform. Eine Stunde bei mittlerer Hitze backen.

Die Mohntorte kann beliebig glasiert, nach Geschmack auch durchgeschnitten und mit Marmelade gefüllt werden.

```
❋❋❋❋❋❋❋❋❋❋❋❋❋❋❋❋❋❋❋❋❋❋❋❋❋❋❋❋❋❋❋❋❋❋❋❋
```

✳✳✳✳✳✳✳✳✳✳✳✳✳ ✳✳✳✳✳✳✳✳✳✳✳✳✳

44. KASTANIENTORTE
À LA KATALIN

Man nehme:
½ kg Kastanien
14 dkg Haselnüsse
4 Eier
6 dkg Butter
30 dkg Staubzucker
Obers
1 Zitrone

In den festen Schnee von vier Eiklar werden die feingeriebenen Haselnüsse eingerührt. Auf einem gut gefetteten Pergamentpapier zeichnet man mit Hilfe des Tortenreifs drei Kreise vor. Die Schnee-Haselnuß-Masse wird säuberlich auf die Kreise gestrichen und im Rohr gelb gebacken.

Unterdessen passiert man die gekochten Kastanien, rührt die Butter und 10 dkg Staubzucker hinein, gibt auch noch zwei bis drei Löffel Obers dazu und streicht dann die Hälfte dieser Masse auf eines der gebackenen Tortenblätter, legt das zweite drauf, bestreicht dieses mit der restlichen Fülle und deckt nun das dritte Blatt darüber.

Aus 20 dkg Staubzucker, dem Saft einer halben Zitrone und, wenn nötig, ein paar Tropfen Wasser rührt man eine Zitronenglasur; dabei muß so lange gerührt werden, bis die Masse ganz weiß und undurchsichtig ist. Mit Hilfe eines in heißes Wasser getauchten Messers wird die Torte damit gleichmäßig überzogen.

45. LINZER TORTE –
TANTE MARIANDL

Man nehme:
28 dkg Butter
28 dkg Mehl
28 dkg Mandeln
28 dkg Staubzucker
Ribiselmarmelade
Zimt, Muskatnuß
Gewürznelken
4 Eier

✳✳✳✳✳✳✳✳✳✳✳✳✳

Die ungeschälten Mandeln werden fein gerieben und mit Mehl, Butter und Zucker gut verarbeitet, wobei die gestoßenen Gewürze und vier Dotter dazukommen. (Zimt nimmt man ca. 2 Teelöffel, ½ Teelöffel Muskatnuß, 3–4 Nelken, doch soll man auf jeden Fall die gestoßenen Gewürze abkosten und nach persönlichem Geschmack gebrauchen.)

Der Teig ist sehr rasch abgemacht. Die Hälfte wird kleinfingerdick auf das Tortenblech gestrichen. Dieses Blatt wird nun mit Ribiselmarmelade bestrichen, dann der restliche Teil ausgewalkt, in Streifen geschnitten und quer in Gitterform darübergelegt. Die Torte wird eine Stunde lang „kühl" gebacken und dann mit Staubzucker bestreut.

Linzer Torten werden nach einigen Tagen noch besser!

✳✳✳✳✳✳✳✳✳✳✳✳✳ ✳✳✳✳✳✳✳✳✳✳✳✳✳

* * * * * * * * * * * * * * * *   * * * * * * * * * * * * * * * *

46. SCHWARZE LINZER TORTE

Man nehme:
28 dkg Butter
28 dkg Staubzucker
28 dkg Mehl
21 dkg Mandeln
21 dkg Schokolade
3 Eier
Ribiselmarmelade

47. WEISSE LINZER TORTE

Man nehme:
28 dkg Butter
11 Eier
28 dkg Staubzucker
28 dkg Mandeln
28 dkg Mehl
Ribiselmarmelade

* * * * * * * * * * * * * * * *   * * * * * * * * * * * * * * * *

Auf dem Brett werden Butter, Zucker, Mehl und die feingeriebenen Mandeln sowie die erweichte Schokolade rasch zu einem Teig abgearbeitet. In der gefetteten und gefehten Tortenform wird aus diesem Teig ein Boden geformt, wobei man genügend zur Seite gibt, um daraus fingerdicke Nudeln zu formen, welche gitterförmig auf den Tortenboden gelegt werden. Man kann das Gitter auch mittels des Dressiersackes durch die größte Tülle aufbringen. Langsam backen, dann das Gitter mit Marmelade füllen. Die Torte soll vor dem Genuß mindestens ein bis zwei Tage kühl aufbewahrt werden.

Die Butter wird eine halbe Stunde lang flaumig abgetrieben, eines nach dem anderen werden neun Dotter und dann noch ein ganzes Ei untergerührt. Die geriebenen Mandeln, Staubzucker und Mehl werden dazugegeben und der Teig ordentlich abgearbeitet. Dann läßt man ihn 30 Minuten rasten. Auf dem bemehlten Blech walkt man ihn fingerdick aus und schneidet mit Hilfe des Tortenreifes einen passenden Tortenboden, den man in die gut gebutterte Springform einlegt und die Oberseite mit verklopftem Ei bestreicht. Aus dem Rest des Teiges rollt man kleinfingerstarke, längliche Nudeln, mit denen man die Torte gitterförmig belegt und am Rand rundum einfaßt. Auch das Gitter wird mit Ei bestrichen, dann kommt die Torte eine Dreiviertelstunde ins Rohr. Fertiggebacken, werden nach dem völligen Erkalten die Zwischenräume des Gitters mit Ribiselmarmelade ausgefüllt.

* * * * * * * * * * * * * * * *   * * * * * * * * * * * * * * * *

✳✳✳✳✳✳✳✳✳✳✳✳✳✳✳✳✳✳✳✳✳✳✳✳✳✳✳✳✳✳✳✳

48. HAUSTORTE
Man nehme:
28 dkg Mehl
28 dkg Butter
14 dkg Staubzucker
14 dkg Mandeln
Vanillezucker
1 Zitrone
Marmelade

Das Mehl wird auf dem Brett mit der Butter, dem Zucker und den mit der Schale geriebenen Mandeln zu einem Teig verarbeitet. Die geriebene Schale einer Zitrone und ein bis zwei Löffel Vanillezucker werden dazugemischt. Vom fertigen Teig bäckt man drei Tortenblätter. Diese werden, mit Marmelade nicht zu sparsam bestrichen, aufeinandergelegt. Man kann diese Torte beliebig beeisen oder nur gezuckert anbieten.

✳✳✳✳✳✳✳✳✳✳✳✳✳✳✳✳✳✳✳✳✳✳✳✳✳✳✳✳✳✳✳✳

49. ZEBRATORTE ✳✳✳✳✳✳✳✳✳✳✳✳✳✳✳✳✳✳✳✳✳✳
Man nehme:
für den ersten Teig
14 dkg Staubzucker
8 Eier
10 dkg Schokolade
28 dkg Mandeln
3 dkg Brösel
1 Zitrone
Zimt, Rum

Zu dieser nehme man:
14 dkg Zucker
9 Eier
5 dkg Stärkemehl
5 dkg glattes Mehl
1 Zitrone

Der Staubzucker wird mit acht Dottern flaumig abgetrieben. Die geriebene Schokolade, eine Prise Zimt, ein wenig geriebene Zitronenschale, die Brösel und die mit der Schale geriebenen Mandeln sowie ein Kaffeelöffel Rum werden zugleich mit dem Schnee der acht Eiklar untergemischt. In die gebutterte, gefehte Form gebracht, bäckt man die Torte langsam gar. Auf ein Gitter zum Auskühlen gelegt, wartet sie auf die zweite Torte.

Zucker und neun Dotter werden flaumig abgerührt, dann kommen das Mehl mit dem steifen Schnee der neun Eiklar und die Schale einer halben Zitrone dazu. Alles wird leicht durchgemischt und in dieselbe oder eine gleich große gefettete und gestaubte Form wie für die erste Masse getan und im Rohr langsam gebacken.

Nach dem Auskühlen schneidet man beide Torten in zwei Hälften und klebt diese, mit Konfitüre bestrichen, immer weiß-schwarz, weiß-schwarz aufeinander und überzieht die Torte mit Schokoladeglasur.

✳✳✳✳✳✳✳✳✳✳✳✳✳✳✳✳✳✳

50. KAFFEESCHAUMTORTE

Man nehme:
14 dkg Staubzucker
14 dkg Mandeln
8 Eier
7 dkg Brösel
Kaffee

Der Zucker wird mit einem ganzen Ei und sieben Dottern sehr flaumig abgerührt. Dazu kommen dann die geriebenen Mandeln und die Brösel. Ein Kaffeelöffel mokkafein geriebener Kaffee wird gleichzeitig mit dem Schnee von sieben Eiklar leicht untergezogen. In der gefetteten und gemehlten Tortenform wird die Masse ca. eine Dreiviertelstunde gebacken. Nach dem Erkalten wird die Torte gezuckert zu Tisch gebracht.

❋❋❋❋❋❋❋❋❋❋❋❋❋❋❋❋❋❋❋❋❋❋❋❋❋❋❋❋❋❋❋

51. ZIGEUNERTORTE

Man nehme:
21 dkg Butter
21 dkg Staubzucker
8 Eier
21 dkg Mandeln
8 dkg Brösel
20 dkg Schokolade
Marmelade

Die Butter wird flaumig abgetrieben, dann der Staubzucker dazugetan und alles glatt verrührt. Nach und nach gibt man acht Dotter und die erweichte Schokolade, den Schnee von acht Eiklar, die geriebenen Mandeln sowie die Brösel dazu. Man mischt alles gut ab und bäckt die Masse zu zwei Tortenblättern, welche, mit Marmelade reichlich bestrichen, aufeinandergelegt und mit Schokoladeglasur überzogen werden.

❋❋❋❋❋❋❋❋❋❋❋❋❋❋❋❋❋❋❋❋❋❋❋❋❋❋❋❋❋❋❋

52. THERESIENTORTE

Man nehme:
14 dkg Staubzucker
14 dkg Mandeln
8 Eier
7 dkg Brösel
7 dkg Zitronat
7 dkg Schokolade
¼ l Obers
Vanillezucker

Der Staubzucker wird mit einem Ei und sieben Dottern flaumig abgerührt, dann werden die mit der Schale geriebenen Mandeln und die geriebene Schokolade zusammen mit dem Schnee von sieben Eiklar leicht untergerührt. Das Zitronat hat man ganz fein geschnitten und mit den Bröseln vermischt, so wird es zuletzt untergezogen. In der gebutterten, gestaubten Tortenform bei mittlerer Hitze backen. Nach dem Auskühlen schneidet man die Torte durch und füllt sie mit dem fest geschlagenen Obers, dem man einige Löffel Vanillezucker beigegeben hat. Die Theresientorte wird mit weißem Eis überzogen.

53. ORANGENTORTE

Man nehme:
28 dkg Staubzucker
28 dkg Mandeln
Brösel
10 Eier
1 Orange

Der Staubzucker wird mit zehn Dottern flaumig abgetrieben. Die Mandeln werden gerieben und zusammen mit einer Handvoll Brösel sowie dem Saft und der geriebenen Schale einer Orange dazugetan. Der Schnee von zehn Eiklar wird leicht untergezogen und die Masse in der gebutterten, gestaubten Tortenform langsam gebacken. Nach dem Erkalten die Torte mit Orangeneis überziehen.

✳✳✳✳✳✳✳✳✳✳✳✳✳✳

54. KAPUZINERTORTE

Man nehme:
28 dkg Staubzucker
28 dkg Mehl
7 Eier
21 dkg Mandeln

Der Zucker wird mit sieben Dottern flaumig abgetrieben. Dann kommen die mit der Schale geriebenen Mandeln und das Mehl dazu. In einer geschmierten und gefehten Tortenform wird die Masse gebacken. Die fertige Torte wird mit beliebigem Eis überzogen.

✳✳✳✳✳✳✳✳✳✳✳✳✳✳

55. GRAZER TORTE
Man nehme:
28 dkg Mehl
28 dkg Butter
14 dkg Staubzucker
30 dkg Mandeln
3 Eier
1 Zitrone
Marmelade

56. GISELATORTE
Man nehme:
25 dkg Butter
25 dkg Staubzucker
25 dkg Mandeln
8 Eier
12 dkg Mehl
1 Zitrone
2 bis 3 Vanilleschoten
Marillenmarmelade

Mehl, Butter, Zucker und die geriebenen Mandeln werden auf dem Brett mit dem Saft einer halben Zitrone und drei Dottern zu einem Teig abgearbeitet. Von diesem walkt man drei Tortenblätter und bäckt sie auf dem gefetteten, gestaubten Backblech bei mittlerer Hitze. Man bestreicht die Blätter mit Marmelade, setzt sie übereinander und überzieht die fertige Torte beliebig.

Zur Vorbereitung gibt man am Vortag des Tortenbackens den Staubzucker mit den kleingeschnittenen Vanilleschoten in eine gut schließende Dose, damit der Zucker Aroma bekommt. Auch die Mandeln kann man schon am Vortag stiftelig schneiden. Zum Teig selbst wird die Butter flaumig abgetrieben, dann kommen der feingesiebte Vanillezucker, vier Dotter, die Mandelstifte sowie die abgeriebene Schale einer halben Zitrone dazu. Man rührt die Masse zehn Minuten und zieht dann den steif geschlagenen Schnee von acht Eiklar sowie das Mehl unter. Gut abgemischt, wird der Tortenteig in vier Teilen zu Blättern gebacken. Die fertigen Tortenblätter werden dann mit heißer Marillenmarmelade bestrichen und aufeinandergelegt. Auch die oberste Platte wird mit Marmelade glatt bestrichen, zu guter Letzt wird mit Zitroneneis glasiert.

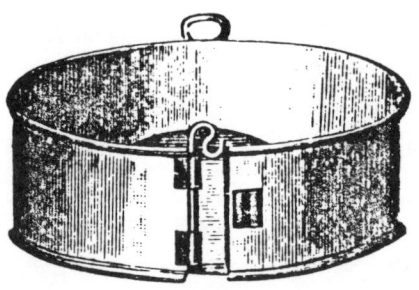

✳✳✳✳✳✳✳✳✳✳✳✳✳✳✳✳✳✳✳✳✳✳✳✳✳✳✳✳✳✳✳✳✳

57. IDATORTE

Man nehme:
6 Eier
17 dkg Staubzucker
10 dkg Mehl

Für die Fülle:
3 Eier
9 dkg Staubzucker
1 dkg Vanillezucker
12 dkg Nüsse
5 dkg Butter

In den Schnee von sechs Eiklar werden die sechs Dotter, der Staubzucker und das Mehl verrührt und aus dieser Masse sechs dünne Tortenblätter gebacken. Erkaltet werden diese gefüllt und die fertige Torte beliebig glasiert.

Zur Fülle werden über Dunst drei ganze Eier und\der Staub- und Vanillezucker so lange mit der Schneerute gerührt, bis die Masse anfängt dick zu werden. Dann wird sie vom Dunst genommen. Die geriebenen Nüsse werden mit 5 dkg Butter bis zum Auskühlen untergerührt.

✳✳✳✳✳✳✳✳✳✳✳✳✳✳✳✳✳✳✳✳✳✳✳✳✳✳✳✳✳✳✳✳✳

58. UDINESER POMERANZENTORTE

Man nehme:
7 dkg Butter
7 Eier
25 dkg Mandeln
25 dkg Staubzucker
1 Pomeranze
Oblaten
Pergamentpapier

Zur Glasur:
14 dkg Staubzucker
2 Pomeranzen

Die Butter wird flaumig abgetrieben, dann gibt man sechs hartgekochte, durch ein Sieb getriebene Dotter dazu, rührt die geriebenen Mandeln und den Zucker darunter, reibt die Schale der Pomeranze fein dazu und schlägt ein ganzes Ei in die Masse. Zum Schluß wird noch der Saft der Pomeranze dazugegeben und alles gut abgetrieben. Zum Backen bereitet man die Tortenform, indem man den Reif in der vollen Höhe mit einem Pergamentpapierstreifen auslegt und den Boden mit zurechtgeschnittenen Oblaten bedeckt. Dann gibt man die Masse hinein und bäckt sie gemächlich. Ausgekühlt auf eine Tortenplatte getan, zieht man vorsichtig den Pergamentstreifen ab und überzieht die Torte mit einer Glasur, welche aus 14 dkg Staubzucker und dem nötigen Saft von Pomeranzen fleißig gerührt wird, bis sich eine gut streichfähige Glasur bildet. Sie darf nicht zu dünn sein, damit sie ordentlich trocknet.

✳✳✳✳✳✳✳✳✳✳✳✳✳✳✳✳✳✳✳✳✳✳✳✳✳✳✳✳✳✳✳✳✳

✳✳✳✳✳✳✳✳✳✳✳✳✳✳✳✳✳✳✳✳✳✳✳✳✳✳✳

59. NUSSTORTE
Man nehme:
7 dkg Nüsse
3 dkg Mandeln
11 Eier
14 dkg Staubzucker
11 dkg Mehl

Mandeln und Nüsse werden gerieben und im Mörser mit zwei ganzen Eiern fein gestoßen. Diese Masse gibt man dann in den Schneekessel und tut fünf ganze Eier, vier Dotter und den Zucker dazu und schlägt über Dunst, bis alles dick wird. Vom Dunst genommen, wird bis zum völligen Erkalten weitergeschlagen, wobei man nach und nach das Mehl untermischt. In einer gebutterten, gefehten Tortenform wird die Masse im Rohr ca. eine Dreiviertelstunde gebacken. Wenn die Torte ausgekühlt ist, überzieht man sie mit beliebiger Glasur.

✳✳✳✳✳✳✳✳✳✳✳✳✳✳✳✳✳✳✳✳✳✳✳✳✳✳✳

60. MUSCAZONTORTE
Man nehme:
32 dkg Mandeln
32 dkg Staubzucker
8 dkg Roggenmehl
je eine Messerspitze gemahlenen Zimt,
Pfeffer und Nelken
5 Eier
1 Zitrone
Marmelade

Auf dem Nudelbrett werden die mit der Schale fein gemahlenen Mandeln mit dem Staubzucker, den Gewürzen und dem schwarzen Mehl gut vermengt. Hierauf macht man in der Mitte eine kleine Grube, gibt drei Dotter und ein ganzes Ei sowie den Saft einer ganzen Zitrone und ein klein wenig abgeriebene Schale derselben hinein und arbeitet alle Zutaten zu einem guten Teig ab, welcher dann zugedeckt eine halbe Stunde kühl rasten soll. Nach dieser Zeit wird der Teig auf dem bemehlten Nudelbrett fingerdick ausgewalkt. Dann legt man den Tortenreif auf den Teig und schneidet mit einem kleinen Küchenmesser entlang der Innenseite das Teigblatt zurecht. Dieses wird in die mit Butter gefettete, mit Mehl gefehte und mit einer Oblatenscheibe belegte Tortenform gebracht und mit beliebiger Marmelade bestrichen. Der restliche Teig wird noch einmal zusammengearbeitet, halbfingerdick ausgewalkt, mit Keksformen ausgestochen, auf der Marmelade gefällig aufgelegt und mit einem verschlagenen Ei bestrichen. Bei mittlerer Hitze wird die Torte ca. eine Dreiviertelstunde gebacken, dann löst man den Tortenreif und läßt sie auf dem Sieb auskühlen. Nach dem Backen ist die Torte zur sofortigen Verwendung zu hart. Erst nach ein, zwei Tagen wird sie gut weich.

✳✳✳✳✳✳✳✳✳✳✳✳✳✳✳✳✳✳✳✳✳✳✳✳✳✳✳

61. NUSSTORTE – TANTE MALI✳✳✳✳✳✳✳✳✳✳✳✳✳✳✳✳✳

Man nehme:
28 dkg Butter
28 dkg Vanillezucker
6 Eier
24 dkg Nüsse
28 dkg Mehl

Die Butter wird gut abgetrieben und dann mit dem Zucker sowie sechs Dottern eine Viertelstunde lang gerührt. Die gemahlenen Nüsse, welche mit einem Eiklar im Mörser fein gestoßen wurden, werden dazugegeben und eine weitere Viertelstunde gerührt, zuletzt wird noch das Mehl untergemischt. In die mit Butter ausgeschmierte, gefehte Tortenform getan, bäckt man die Masse ca. eine Stunde bei mittlerer Hitze. Aus dem Reif genommen, auf dem Sieb ausgekühlt, legt man die Torte umgedreht auf ein Brett und überzieht sie mit beliebiger Glasur.

62. TRIESTER TORTE

Man nehme:
28 dkg Butter
28 dkg Staubzucker
16 Eier
16 dkg Mandeln
16 dkg Biskuitbrösel

Butter und Zucker werden schaumig gerührt, eines nach dem anderen werden 16 Dotter, die mit der Schale geriebenen Mandeln und die Brösel untergemischt. Zuletzt wird der Schnee von vier Eiklar untergezogen. Die Masse wird in der gebutterten, gefehten Tortenform bei mittlerer Hitze gebacken. Nach dem Erkalten kann sie beliebig gefüllt und glasiert werden.

****

63. HASELNUSSTORTE MIT KAFFEE

Man nehme:
14 dkg Haselnüsse
14 dkg Staubzucker
5 Eier
Bohnenkaffee

Für die Fülle:
¼ l Schlagobers
6 dkg Staubzucker
Bohnenkaffee

Die geriebenen Haselnüsse werden mit dem Zucker, fünf Dottern und einer Messerspitze mokkafein geriebenem Bohnenkaffee gut abgetrieben. Nachdem der Schnee von vier Klar untergezogen ist, bäckt man aus der Masse zwei Tortenblätter. Nach dem Erkalten werden diese mit dem steif geschlagenen Obers, welchem der Staubzucker und wiederum mehlfein gemahlener Bohnenkaffee nach Geschmack untergerührt wurde, gefüllt und überzogen. Die Torte wird vor dem Servieren eine Stunde aufs Eis gestellt.

****

64. BRÖSELTORTE

Man nehme:
30 dkg Butter
16 dkg Vanillezucker
40 dkg Mandeln
2 Zitronen
30 dkg Mehl
1 Ei
Marmelade

Zitronenschale hinein und mengt das Mehl darunter, arbeitet den Teig gut ab und walkt ihn auf dem bemehlten Nudelbrett fingerdick aus. Mit dem Tortenreif sticht man zwei Blätter aus dem Teig, legt sie in die gebutterte, gefehte Tortenform, wobei man zwischen die Blätter reichlich Marmelade streicht. Die obere Platte bestreicht man mit verklopftem Ei und belegt sie gitterförmig mit aus dem restlichen Teig gerollten, kleinfingerdicken Würstchen. Alles wird noch einmal mit verklopftem Ei bestrichen, dann kommt die Torte eine Stunde bei mittlerer Hitze ins Rohr. Auf dem Sieb ausgekühlt, füllt man die Zwischenräume des Gitters mit heißer Marmelade, bestreut die Torte mit Vanillezucker und gibt sie zu Tisch. Vorsicht beim Schneiden, die Torte ist hart und springt leicht.

Die Butter wird gut abgetrieben, dann rührt man den Zucker und den Saft einer Zitrone dazu und mischt die fein geriebenen Mandeln, welche mit dem Saft der zweiten Zitrone abgerührt wurden, dazu. Man reibt noch etwas

****

✳✳✳✳✳✳✳✳✳✳✳✳✳✳✳✳✳✳✳✳✳✳✳✳✳✳✳✳✳✳

65. KRITZENDORFER TORTE

Man nehme:
8 dkg Butter
22 dkg Staubzucker
8 Eier
Mehl
5 Mandeln
1 kg abgerebelte Ribiseln

Man rührt aus einem Dotter, der Butter, einem Eßlöffel Staubzucker und zwei Eßlöffel Mehl einen Teig. Hierauf schlägt man acht Eiklar zu einem sehr festen Schnee, dem nach und nach 20 dkg Staubzucker untergemischt werden. Der feste Zuckerschnee wird mit dem Teig gut vermengt, danach werden die sauber gerebelten trockenen Ribiseln vorsichtig daruntergemischt. Zuletzt gibt man die fünf feingeschnittenen Mandeln in die Masse, die in einer gut gefetteten, gefehten Tortenform sehr langsam gebacken wird.

✳✳✳✳✳✳✳✳✳✳✳✳✳✳✳✳✳✳✳✳✳✳✳✳✳✳✳✳✳✳

66. SONNENTHALTORTE

Man nehme:
15 dkg Butter
15 dkg Staubzucker
15 dkg Mehl
1 Ei

Zur Fülle:
1 Ei
1 Ei schwer Staubzucker,
Mandeln, Haselnüsse

Zucker, Butter, Mehl und ein Ei werden auf dem Nudelbrett zu einem glatten Teig verarbeitet, aus dem man drei gleich große Tortenblätter bäckt. Diese werden mit einer Fülle bestrichen, die man aus dem Schnee von einem Eiklar sowie einem Ei schwer geriebenen Mandeln, geriebenen Haselnüssen und Staubzucker rührt. Dann wird die Torte zusammengesetzt, mit Zitroneneis überzogen und an der Luft trocknen gelassen.

67. BROTTORTE

Man nehme:
20 dkg Staubzucker
18 dkg Mandeln
12 dkg schwarzes Brot
8 Eier

✳✳✳✳✳✳✳✳✳✳✳✳✳✳

Acht Dotter werden mit 10 dkg Staubzucker schaumig gerührt. Die ungeschälten Mandeln und das geröstete Brot werden fein gerieben untergemischt. Zur Masse kommt noch der Schnee von acht Eiklar, der mit 10 dkg Staubzucker steif geschlagen wurde. Diese Masse wird in der gebutterten, gefehten Tortenform im Rohr langsam gebacken.

Die Torte kann beliebig mit Konfitüre gefüllt und mit Zuckereis überzogen werden.

Um Torten und Bäckereien ein schöneres Aussehen zu geben, überzieht man sie mit verschiedenen Glasuren, welche in alten Kochvorschriften auch „Eis" genannt werden, ohne etwas mit Gefrorenem zu tun zu haben. Zum Beeisen kann man die Glasuren verschieden einfärben. Mit Hilfe einer kleinen, aus Butterbrotpapier gedrehten Tüte, deren Spitze man abgeschnitten hat, kann man zusätzlich Verzierungen anbringen.

Dazu gibt man jeweils einen Kaffeelöffel der Farbglasur in das vorbereitete Stanitzel, schlägt dieses oben mehrmals um und befördert dann durch sanften Druck der Finger die benötigte Menge Eis aus der Öffnung. Das Zeichnen von Mustern mit Glasur sollte man tunlichst vorher auf einem Bogen weißen Papiers üben.

Gekaufte kandierte Blüten und Früchte dienen ebenfalls zur zierlichen Dekorierung.

Cremetorten überzieht man auch außen mit der Fülle, von welcher man einen Teil aufbewahrt hat, mit der man mittels des Dressiersackes und passender Tüllen die Torte reich verzieren kann. Wer sich geschickt in diesen Dingen erweist, kann auch Schriften, die zu manchen Anlässen nötig erscheinen, direkt auf die Torte schreiben.

Wer dies noch nicht so recht wagt, behilft sich mit einem Stück Oblate. Diese wird auf die gewünschte Größe zurechtgeschnitten und dient dann, wie ein Billett, als Schreibunterlage. Sollte dabei etwas mißlingen, ist es keine große Mühe, die Schrift auf einer neuen Oblate zu wiederholen. Auch aus Obers, welches mit ein wenig Staubzucker ganz steif geschlagen wurde, lassen sich mit dem Dressiersack schöne Blumen und Ornamente bilden. Dazu ein Tip, den unsere Omas noch nicht kannten: Man dressiert auf Butterbrotpapier verschiedene Obers-Arabesken, Sterne etc. und gibt dieses Papier, welches man auf ein Schneidbrett gelegt hat, in den Tiefkühlschrank. Sind die Verzierungen nach einigen Stunden ganz fest, kann man sie vom Papier lösen, in Folie verpacken und im Tiefkühlfach zu späterer Verwendung aufbewahren.

Die von vielen Köchen als besonders schwierig verrufene Schokoladeglasur ist, wenn man diese nach dem Rezept, welches Sie bei der Sachertorte finden, bereitet, leicht nachzukochen. Sie genügt in allen Fällen für den nichtgewerblichen Tortenbäcker. Für Unentwegte findet sich anschließend auch das Rezept der *gekochten* Schokoladeglasur.

GEKOCHTES SCHOKOLADEEIS

8 dkg Kochschokolade werden mit ganz wenig Wasser über dem Feuer aufgelöst, dann kommen 15 dkg Staubzucker und 1 dl Wasser dazu. Die Mischung wird nun unter fleißigem Rühren gekocht, bis sich ein Faden ziehen läßt, wenn man ein wenig davon zwischen Daumen und Zeigefinger nimmt. Wenn dieser Grad erreicht ist, nimmt man das Eis vom Feuer und schlägt es so lange ab, bis sich ein Häutchen bildet. Jetzt wird die Glasur über die Torte gegossen und anfangs im offenen, warmen Backrohr, später an der Luft getrocknet.

❋❋❋❋❋❋❋❋❋❋❋❋❋❋

EIEREIS

bereitet man, indem man das Klar von einem Ei mit soviel Staubzucker verrührt, wie es aufnimmt und zu einer gut streichfähigen Masse wird. Mit einem feuchtgemachten Messer verstreicht man das Eis gleichmäßig. Diese Glasur wird nach dem Trocknen sehr spröde.

❋❋❋❋❋❋❋❋❋❋❋❋❋❋

ZITRONENEIS

Der Saft einer halben Zitrone wird mit soviel Staubzucker, wie dieser aufnimmt, sehr, sehr lange gerührt. Wenn die Glasur wirklich glatt ist, kann sie verwendet werden.

❋❋❋❋❋❋❋❋❋❋❋❋❋❋

FRÜCHTENEIS

Ungefähr 20 dkg Staubzucker befeuchtet man sparsamst mit dem Saft von Erdbeeren, Himbeeren oder Orangen. Man läßt die Mischung eine Weile stehen, bis sich Saft und Zucker völlig aufgelöst haben, und erwärmt dann diesen Brei ganz lind. Er wird nun schnell messerrückendick aufgestrichen und im lauen Rohr übertrocknet. Wenn die Oberfläche ein Häutchen zeigt, wird die Glasur an der Luft fertiggetrocknet.

❋❋❋❋❋❋❋❋❋❋❋❋❋❋

WEISSES ZUCKEREIS

Ein Eiklar und ein Kaffeelöffel Zitronensaft werden mit soviel Staubzucker, wie die Masse braucht, eine halbe Stunde lang gut gerührt, bis sie schaumig und dickflüssig ist. Sie wird wie die übrigen Glasuren aufgestrichen und getrocknet.

❋❋❋❋❋❋❋❋❋❋❋❋❋❋

SPRITZEIS ZUM VERZIEREN

wird, wie oben, nur mit der Hälfte Zitronensaft, so lange gerührt, bis ein Tropfen, auf Papier gebracht, die Form hält, fest stehen bleibt und nicht zerrinnt. Man gibt das Eis in eine Schale und deckt diese mit einem feuchten Tuch zu, damit das Eis nicht vorzeitig trocknet. Man kann dieses Eis entweder mit giftfreien Lebensmittelfarben oder durch einige Tropfen Saft von roten Rüben, aufgelöstem Safran oder dickem Spinatsaft färben.

Gutbürgerliche feine Torten und Kuchen

(insbesondere für eine Kaffeejause)

68. BRÖSELTORTE – TANTE ANNIE

Man nehme:
28 dkg Mehl
28 dkg Butter
14 dkg Staubzucker
3 Eier
1 Zitrone
Marmelade

Butter, Zucker und Mehl werden am Brett mit zwei Dottern, einem ganzen Ei und dem Saft einer halben Zitrone zu einem glatten Teig verarbeitet. Nachdem dieser eine Viertelstunde gerastet hat, wird er zu drei Tortenblättern ausgewalkt, welche man nach dem Backen auf dem gefetteten und bemehlten Blech mit Marmelade bestreicht und aufeinanderlegt. Die Torte wird gut überzuckert zu Tisch gebracht.

69. BLITZTORTE

Man nehme:
14 dkg Butter
9 dkg Staubzucker
10 dkg Reismehl
3 Eier
1 Zitrone
Marillenmarmelade

Die Butter wird mit 5 dkg Zucker schaumig gerührt. In einem zweiten Gefäß rührt man drei ganze Eier und 4 dkg Zucker ebenfalls schaumig ab. Dann verrührt man beide Massen, gibt das Reismehl dazu und reibt die halbe Schale der Zitrone in den Teig. Ist alles gut vermengt, wird die Torte in einer gut gefetteten, gefetten Form im mittelheißen Rohr etwa 45 Minuten lang gebacken.

Nachdem man sie auf einem Gitter auskühlen hat lassen, wird die Torte zweimal durchgeschnitten, mit Marillenmarmelade bestrichen, zusammengesetzt und mit Staubzucker bestreut.

70. ÄPFELTORTE

Man nehme:
25 dkg Mehl
20 dkg Butter
8 dkg Zucker
3 Eier
1 kg Maschansker
Rum, Zitrone
Rosinen, Zimt

Mehl, Butter, zwei Dotter, 2 dkg Staubzucker und eine Messerspitze geriebene Zitronenschale werden zu einem geschmeidigen Teig verarbeitet. Während dieser an einem kühlen Platz eine halbe Stunde rastet, werden die Äpfel geschält, blättrig geschnitten und mit 6 dkg Zucker und zwei Eßlöffel Rum in einer Kasserolle überdünstet. Sie kommen dann in eine Schüssel und sollen auskühlen.

Die Hälfte des Tortenteiges wird stark messerrückendick ausgewalkt und mit dem Tortenreif ausgestochen. Dieser Tortenboden wird in die gebutterte und gefehte Tortenform gelegt. Den restlichen Teig formt man zu einem fingerdicken Teigreifen, den man in der Form rundum festdrückt und gleichmäßig hoch macht. In diese Teigform kommen jetzt die überkühlten Äpfel, die man mit Zimt und Rosinen bestreut. Aus dem Teigrest werden dünn ausgewalkte, fingerbreite Streifen geschnitten, die man gitterförmig auf die Torte legt. Zuletzt wird sie mit zerklopftem Ei bestrichen.

Bei mäßiger Hitze wird diese Torte eine halbe bis dreiviertel Stunde gebacken.

71. BUTTERTORTE

Man nehme:
28 dkg Butter
27 dkg Staubzucker
1 dkg Vanillezucker
8 Eier
28 dkg Mehl
Marmelade

Die Butter wird flaumig abgetrieben, der Zucker dazugemengt und nach und nach mit acht Dottern eine halbe Stunde lang gerührt. Dann mischt man den Schnee von acht Eiklar und das Mehl darunter, rührt den Teig gut ab und bäckt jeweils die Hälfte in einer gebutterten, gefehten Tortenform bei mittlerer Hitze im Rohr. Aus dem Tortenreif genommen, werden die Tortenhälften auf ein Sieb zum Auskühlen gelegt. Sie werden später so aufeinandergelegt, daß die auf dem Blech gewesene Seite nach unten beziehungsweise nach oben zeigt. Zwischen die Tortenhälften kommt Marmelade nach Gusto. Die gleiche Marmelade wird aufgekocht und mit ihr die Torte heiß überzogen. Nachdem sie vollkommen trocken ist, glasiert man mit Vanille- oder Zitroneneis.

72. WEINTORTE

Man nehme:
28 dkg Staubzucker
28 dkg Mandeln
18 Eier
⅛ l guten Wein
1/16 l Weingeist
Zimt
1 Orange

Der Staubzucker wird mit achtzehn Eidottern flaumig abgetrieben, dann mischt man die geschälten, feingeriebenen Mandeln, eine Prise Zimt, die geriebene Schale einer Orange und den Schnee von acht Eiklar dazu. Gut abgemischt wird diese Masse in der gut gebutterten und gefehten Tortenform eine Stunde lang bei mittlerer Hitze gebacken.

Bevor man die Torte zu Tisch bringt, gießt man ein wenig Wein darüber. Nachdem sich dieser eingesaugt hat, bestreut man die Torte mit Staubzucker, gießt ein wenig Weingeist darüber, entzündet ihn und serviert die Torte brennend.

73. TOPFENTORTE

Man nehme:
14 dkg Butter
14 dkg Staubzucker
14 dkg Mandeln
14 dkg Topfen
8 dkg Brösel
8 Eier
Vanillezucker
1 Zitrone

14 dkg Butter treibt man mit acht Dottern gut ab, dann gibt man den Zucker und die geschälten, feingeriebenen Mandeln dazu und rührt alles lange gut ab. Dann fügt man den passierten Topfen, ein wenig Vanillezucker und die geriebene Schale des Viertels einer Zitrone dazu. Den steif geschlagenen Schnee der 8 Eiklar vermischt man mit den Bröseln, vermengt alles gut und bäckt die Masse in einer gebutterten, gefehten Form langsam etwa 1 Stunde.

Vor dem Anrichten wird die Topfentorte mit Staubzucker bestreut.

74. SANDTORTE – TANTE GUCKI

Man nehme:
28 dkg Butter
5 Eier
21 dkg Staubzucker
28 dkg Kartoffelmehl
1 dkg bittere Mandeln
Rum
1 Zitrone

Die Butter wird sehr lange flaumig gerührt, nach und nach gibt man fünf Dotter, den Zucker, die geriebenen Mandeln und einen Eßlöffel Rum dazu. Dann reibt man die Schale einer halben Zitrone zur Masse und mischt schließlich das steif geschlagene Eiklar und das Mehl darunter. Gut abgerührt, kommt die Masse in die gefettete, bemehlte Tortenform und wird bei guter Hitze gebacken.

70

75. FEINE ERDÄPFELTORTE

Man nehme:
18 dkg Zitronenzucker
9 Eier
18 dkg Erdäpfelmehl
1 Zitrone

Zur Fülle:
2 Eier
7 dkg Staubzucker
10 dkg Butter
Kaffee
5 dkg Pignolien

Der Zucker und neun Dotter werden mit dem Saft einer Zitrone eine Stunde lang gerührt. Dann werden der Schnee von neun Eiklar und das Erdäpfelmehl leicht untergemischt. In der gebutterten, gefehten Tortenform wird die Masse bei mittlerer Hitze ca. eine Dreiviertelstunde gebacken. Nach dem Erkalten wird die Torte in drei Blätter geschnitten, welche, mit Creme bestrichen, wieder aufeinandergelegt werden.

Die Creme bereitet man aus zwei Eidottern, welche mit 7 dkg Zucker und zwei Eßlöffeln türkischem Kaffee über Dunst bis zum Dickwerden gerührt werden. Dann gibt man in die noch warme Masse die weiche Butter. Wenn die Creme ganz glatt ist, wird sie vom Dunst genommen und bis zum Erkalten weitergerührt. Auf die mit Kaffeeglasur überzogene Torte streut man reichlich blättrig geschnittene Pignolien.

76. ERDÄPFELTORTE – MARIANDL

Man nehme:
16 dkg Staubzucker
9 Eier
8 dkg Mandeln
4 dkg Zitronat
Orangenschale, Zimt, Nelken
½ kg Erdäpfel
Butter, weiße Semmelbrösel

Die Erdäpfel werden sauber gewaschen und in der Montur im Rohr gebacken.

Währenddessen wird der Staubzucker eine halbe Stunde mit neun Dottern abgerührt. Wenn diese Mischung schön cremig geworden ist, werden die mit der Schale fein geriebenen Mandeln, das feingeschnittene Zitronat, je eine Messerspitze feingehackte Orangenschale, Zimt und eine gestoßene Nelke dazugerührt. Wenn die Erdäpfel gar sind, werden sie geschält, passiert und mit der Dottermasse gut verrührt (ca. eine Viertelstunde), zuletzt wird der Schnee von neun Eiklar daruntergezogen.

Man füllt diese Masse nun in die mit Butter bestrichene und mit weißen Semmelbröseln ausgefehte Tortenform und bäckt die Torte bei mittlerer Hitze ca. eine Stunde.

Sie wird beliebig glasiert oder nur mit Staubzucker bestreut.

77. KAFFEECREMETORTE

Man nehme:
14 dkg Staubzucker
1 dkg Vanillezucker
8 Eier
6 dkg Mehl
5 dkg Stärkemehl

Zur Creme:
14 dkg Staubzucker
⅛ l Obers
24 dkg Butter
7 Eier
⅛ l türkischen Kaffee
1 dkg Vanillezucker

Der Zucker wird mit acht Dottern sehr flaumig abgetrieben. Dann zieht man das Mehl und den festen Schnee von sechs Eiklar unter und füllt diese Masse in die geschmierte, gefehte Tortenform. Im Rohr wird die Torte langsam ca. eine Dreiviertelstunde bei mittlerer Hitze gebacken. Aus der Form genommen, auf dem Sieb ausgekühlt, wird die Torte umgedreht und in drei Blätter geschnitten, die mit Kaffeecreme gefüllt und überzogen werden. Man ziert die Torte mit gerösteten Kaffeebohnen.

Zur Creme werden sieben Dotter, 14 dkg Staubzucker, Vanillezucker, je fünf Eßlöffel Obers und ganz stark eingekochter schwarzer Kaffee im Schneekessel so lange geschlagen, bis die Masse dick wird. Dann stellt man den Schneekessel in kaltes Wasser und schlägt weiter, bis die Masse völlig ausgekühlt und steif ist. In einer Schüssel treibt man jetzt die Butter sehr flaumig ab, vermischt dann löffelweise die beiden Massen ineinander und stellt die Creme, nachdem sie gut verrührt wurde, wieder für eine halbe Stunde in den Kühlschrank. Dann erst wird sie verwendet.

78. INDIANERTORTE

Man nehme:
25 dkg Staubzucker
16 dkg Mehl
6 Eier
¼ l Schlagobers
5 dkg Vanillezucker
7 dkg Schokolade
5 dkg Butter

Die sechs Dotter werden mit dem Zucker eine halbe Stunde lang gerührt. Dann zieht man das Mehl und den Schnee von sechs Eiklar unter, gibt die Masse in einen gefetteten, gestaubten Schneekessel und bäckt sie darin. Man stürzt sie aufs Gitter und läßt sie auskühlen. Dann schneidet man sie in der Mitte quer durch und höhlt den oberen runden Teil mit einem Löffel ordentlich aus, ohne die Form zu zerstören. Jetzt füllt man die Torte mit dem fest geschlagenen Obers, das man mit Vanillezucker gemischt hat. In einer kleinen Kasserolle weicht man die Schokolade auf, verrührt sie gut mit der Butter, gießt diese Glasur über die Rundung und läßt sie seitlich verlaufen. Die Torte soll vor dem Servieren gut kalt gestellt werden.

79. WIENER TORTE

Man nehme:
28 dkg Butter
8 Eier
24 dkg Staubzucker
28 dkg Mehl
1 Zitrone
Marillenmarmelade

Die abgetriebene Butter wird mit vier Dottern und vier ganzen Eiern sowie dem Zucker und einer Messerspitze feinstgehackter Zitronenschale, welches alles nach und nach beigegeben wird, eine halbe Stunde lang gerührt. Dann kommt auch noch das Mehl dazu. Auf vorbereiteten tortengroßen Papierblättern, welche man mit Butter bestrichen hat, wird die Masse fingerhoch verteilt. So viele Blätter wie der Teig ergibt werden auf das Backblech gelegt und im Rohr bei mittlerer Hitze gebacken. Herausgenommen, zieht man von den völlig erkalteten Tortenblättern vorsichtig das Papier ab. Blatt für Blatt bestreicht man sie mit Marmelade. Das letzte Blatt wendet man, damit die glatte, auf dem Papier gelegene Seite nach oben kommt. Mit einem scharfen Messer schneidet man die Tortenränder rundum gleichmäßig und überzieht die Torte mit weißer Glasur.

80. TRAUNKIRCHNER SANDTORTE

Man nehme:
8 dkg Butter
14 dkg Staubzucker
14 dkg Mehl
3 Eier
1 Zitrone
1 Orange

Die Butter wird sehr flaumig abgetrieben, dann rührt man nach und nach den Zucker, die feingehackte Schale je einer halben Zitrone und Orange sowie den Saft einer halben Zitrone dazu. Jetzt wird auch noch das Mehl gleichzeitig mit dem festen Schnee von drei Eiklar untergerührt. Die glatt abgemischte Masse kommt in eine gebutterte, gefehte Tortenform und wird im Rohr bei mittlerer Hitze ca. eine Dreiviertelstunde gebacken. Aus dem Reif genommen und auf ein Sieb gestellt, läßt man sie auskühlen und überzieht sie erst dann mit beliebiger Glasur.

Dieser Teig eignet sich auch sehr gut für Kirschen- oder Weichselkuchen. Dazu läßt man die trockenen Früchte vor dem Backen in die Masse einsinken.

81. STEIRERTORTE

Man nehme:
6 große Äpfel
32 dkg Staubzucker
17 dkg Butter
21 dkg Mehl
8 Eier
Zimt
Zitrone
Salz

Man schält die ausgesucht großen Äpfel, schneidet sie in kleine Stücke und dünstet sie mit 7 dkg Zucker und einer Prise Salz zu einer dicken Salse. Während diese auskühlt, bereitet man den Tortenteig. Dazu arbeitet man 11 dkg Staubzucker, 17 dkg Butter, 21 dkg Mehl und vier passierte hartgekochte Dotter unter Beigabe einer Prise Zimt und etwas geriebener Zitronenschale zu einem schönen Teig ab. Diesen drittelt man und bäckt drei Tortenblätter davon, die mit der Apfelsalse gefüllt und aufeinandergelegt werden. Auf das oberste Blatt kommt der Schnee von vier Eiklar, den man mit 14 dkg Staubzucker steif geschlagen hat. Noch einmal ins Rohr gebracht, läßt man die Schneehaube langsam trocknen und etwas Farbe gewinnen.

82. SCHOKOLADEBISCUITTORTE
Man nehme:
15 dkg Butter
15 dkg Staubzucker
15 dkg Schokolade
7 Eier
15 dkg Mandeln
2 dkg Brösel

Butter und Zucker werden flaumig abgetrieben, dann mit der im Rohr erweichten Schokolade und sieben Dottern nach und nach vermischt. Mit dem steifen Schnee von sieben Eiklar kommen noch die Brösel und die mit der Schale geriebenen Mandeln dazu. Alles wird gut untereinandergerührt und die Masse in der gefetteten, bemehlten Tortenform gebacken. Nach dem Auskühlen wird die Torte mit Schokoladeglasur überzogen.

83. ALLERFEINSTE BISCUITTORTE
Man nehme:
14 dkg Staubzucker
8 Eier
12 dkg Mehl
Vanillezucker

Der Zucker, vier ganze Eier und vier Dotter werden im Schneekessel über Dunst so lange heiß geschlagen, bis die Masse dick wird. Dann nimmt man den Kessel vom Dunst und schlägt die Masse weiter mit der Schneerute, bis sie kalt ist. Erst jetzt werden der Schnee von vier Eiklar und das Mehl sorgfältig untergezogen. In eine gebutterte, gefehte Tortenform gegeben, bäckt man die Torte bei mittlerer Hitze ca. eine Stunde. Aus der Form genommen, auf dem Sieb ausgekühlt, wird sie mit beliebiger Glasur überzogen.

84. BÖHMISCHE SCHMALZTORTE

Man nehme:
12 dkg Schmalz
17 dkg Butter
14 dkg Staubzucker
14 dkg glattes Mehl
4 Eier
1 Zitrone
Marmelade

Schmalz und Butter werden flaumig gerührt. Nach und nach mischt man dann den Zucker, das Mehl, zwei Dotter, etwas geriebene Zitronenschale und zwei ganze Eier darunter. Ist der Teig glattgerührt, bäckt man ihn in der gefetteten, gefehten Tortenform schön hellgelb. Die Torte wird dann aufgeschnitten, mit beliebiger Marmelade gefüllt und mit Zitroneneis überzogen.

85. POLENTATORTE

Man nehme:
14 dkg Staubzucker
10 dkg feinen Polentagrieß
4 Eier
Marillenmarmelade

Der Zucker wird mit vier Dottern gut abgetrieben. Dann wird der Polentagrieß eingerührt und zuletzt der Schnee von vier Eiklar beigemengt.

In der gebutterten, gefehten Tortenform wird die Torte langsam gebacken, erkaltet aufgeschnitten, mit Marillenmarmelade gefüllt und mit beliebigem Eis überzogen.

86. MÜRBE TORTE

Man nehme:
28 dkg Butter
35 dkg Mehl
14 dkg Staubzucker
4 Eier
Marmelade

Man treibt die Butter recht flaumig ab, gibt vier Dotter in die Masse, unter die man abwechselnd Mehl und Zucker mischt. Gut abgerührt wird der Teig in einer gestaubten Tortenform zu schöner Farbe gebacken. Dann bestreicht man die Torte mit beliebiger, heißgemachter Marmelade. Nachdem diese ausgekühlt und wieder fest geworden ist, gibt man den Schnee von vier Eiklar, den man mit ein wenig Staubzucker sehr steif geschlagen hat, darüber, verteilt ihn gleichmäßig glatt oder bringt ihn mit dem Dressiersack in zierlichen Mustern auf. Dann wird die mürbe Torte noch einmal ins laue Rohr geschoben, wo sie so lange bleibt, bis der Schnee etwas Farbe zeigt.

Der mürbe Teig läßt sich besser erst nach frühestens 24 Stunden schneiden, da er sonst noch spröde ist und zerbröckelt.

87. ZITRONENTORTE „IRENE"

Man nehme:
21 dkg Butter
21 dkg Mehl
4 dkg Mandeln
4 dkg Staubzucker

Zur Fülle:
19 dkg Mandeln
14 dkg Staubzucker
2 Zitronen
1 Ei

Aus der Butter, dem Mehl, dem Staubzucker und den geriebenen Mandeln wird auf dem Brett ein guter Teig abgemacht und in zwei Hälften geteilt. Die erste Hälfte verteilt man gut auf dem gefetteten, gefehten Tortenboden und stürzt das so gewonnene Tortenblatt auf das bemehlte Brett, setzt es wieder in den Ring, fettet und bestaubt es noch einmal und formt aus der zweiten Hälfte den Tortenboden. Auf diesen kommt die Fülle, zu der man 14 dkg geriebene Mandeln mit 14 dkg Staubzucker und den Saft von zwei Zitronen abgemischt hat. Man reibt auch noch die Schale einer halben Zitrone dazu. Diese Masse verteilt man gleichmäßig auf dem Tortenboden, deckt ihn mit dem vorbereiteten Tortenblatt zu, bestreicht dieses mit verklopftem Ei und bestreut mit den restlichen 5 dkg Mandeln, welche man klein gestiftet hat. Die Torte wird im Rohr langsam gebacken und nach dem Auskühlen mit Staubzucker bestreut angerichtet.

88. KAISERMELONE

Man nehme:
20 Eier
16 dkg Staubzucker
Vanillezucker
14 dkg Mehl
¼ l und ⅙ l Obers

Am Vortag bäckt man den Biscuitteig. Dieser wird in einer Schüssel aus dem Staubzucker und acht nach und nach dazugeschlagenen Dottern eine halbe Stunde lang gerührt, worauf man den Schnee von acht Eiklar und das Mehl unterzieht. Auf ein geschmiertes und gefehtes Blech gestrichen, bäckt man das Biscuit bei mittlerer Hitze goldgelb und läßt es am Blech bis zum nächsten Tag kühl stehen. Dann schneidet man das Biscuit zu daumennagelgroßen Würfeln.

Im Schneekessel verrührt man acht Dotter, vier ganze Eier, ein wenig Staubzucker und ⅙ l Obers gut. Ist alles ordentlich abgesprudelt, werden die Biscuitwürfel hineingegeben und kurz untergerührt. In die ausgeschmierte und gefehte Melonenform getan, wird die Masse jetzt eine Stunde im Dunst gekocht, dann auf den passenden Teller gestürzt, in Schnitten geschnitten und mit Schlagobers serviert.

89. BISCUITGUGELHUPF –
KÖCHIN KATHARINA

Man nehme:
21 dkg Staubzucker
5 dkg Erdäpfelmehl
6 Eier
1 Zitrone
Vanillezucker

Man rührt das Erdäpfelmehl mit sechs Dottern, dem Zucker und etwas Vanillezucker eine gute halbe Stunde. Dann kommt noch der Saft einer halben Zitrone dazu und zugleich der Schnee von vier Eiklar. Diese Masse wird in die gefettete und gefehte Gugelhupfform gegeben und im Rohr gebacken. Beim Anrichten wird der Gugelhupf reichlich mit Staubzucker überstreut.

90. INDIANERKRAPFEN

Man nehme:
15 dkg Staubzucker
8 Eier
14 dkg Stärkemehl

Der Zucker wird mit acht Dottern flaumig gerührt, dann werden der Schnee von fünf Eiklar und das Stärkemehl untergezogen. In einer Indianerform oder Spiegeleierform, welche gebuttert und gefeht wurde, wird genügend Teig (er soll nicht übergehen) eingefüllt. Die Indianer werden im Rohr langsam gebacken. Erkaltet werden sie dann an der Außenseite mit Schokoladeglasur überzogen und jeweils zwei, in der Mitte mit reichlich Schlagobers gefüllt, serviert.

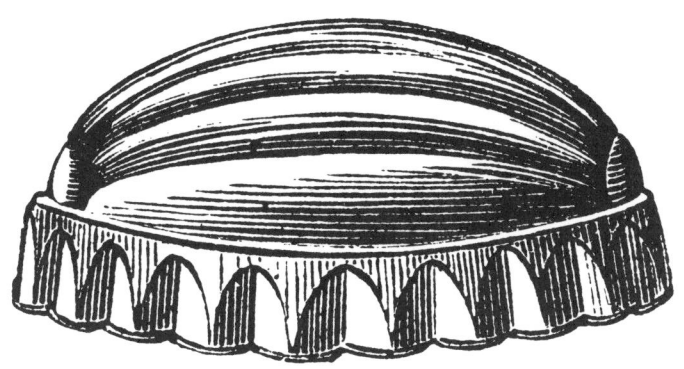

91. BISCHOFSBROT
Man nehme:
20 dkg Butter
24 dkg Mehl
6 Eier
4 dkg Zitronat
4 dkg Pistazien
4 dkg Haselnüsse
4 dkg Rosinen
4 dkg Mandeln
4 dkg Schokolade

Die Butter wird mit sechs Dottern flaumig abgetrieben. Die Zutaten werden klein geschnitten, die Mandeln gestiftelt und die Schokolade klein gewürfelt. Diese Zutaten werden dann mit dem Abtrieb, dem Mehl und dem Schnee von sechs Eiklar vermischt. In ein Backwandl gefüllt, wird das Bischofsbrot im Rohr gebacken. Fertig, wird es herausgestürzt und ordentlich gezuckert, in fingerdicke Stücke geschnitten und angerichtet.

92. ROSINENKUCHEN
Man nehme:
18 dkg Butter
18 dkg Staubzucker
18 dkg Mehl
10 Eier
10 dkg Mandeln
10 dkg Rosinen

Die Butter wird fein abgetrieben, später rührt man den Zucker, das Mehl und vier Dotter unter. Zum Schluß wird der Schnee von vier Eiklar untergezogen. Auf dem geschmierten, gefehten Blech wird der Teig verteilt und gebacken.

Inzwischen schlägt man sechs Eiklar zu einem festen Schnee, zuckert ihn nach Gusto mit Staubzucker. Ist der Kuchen halbfertig, streicht man den Eischnee darüber und streut darauf die Rosinen und die gestiftelten Mandeln, schiebt den Kuchen wieder ins Rohr und bäckt ihn fertig. Dann wird der Kuchen in beliebige Schnitten geteilt.

93. MÄHRISCHER WEICHSELKUCHEN

Man nehme:
20 dkg Butter
20 dkg Staubzucker
20 dkg Mehl
4 Eier
1 Zitrone
Salz

94. ZWETSCHKENKUCHEN

Man nehme:
10 dkg Schmalz
10 dkg Staubzucker
10 dkg Mehl
6 Eier
Zwetschken
Brösel

Die Butter wird schaumig gerührt, dann mit vier Dottern, dem Mehl, dem Staubzucker sowie der abgeriebenen Schale einer halben Zitrone abgemischt. Wenn der Teig gut glatt ist, gibt man noch eine Prise Salz dazu und zieht den Schnee von vier Eiklar unter. Aus einem halben Bogen mit Butter bestrichenem Pergamentpapier macht man sich eine Backform, indem man rundherum je zwei Finger breit nach oben faltet und an die vier Ecken Stecknadeln steckt, um alles zusammenzuhalten. Dieses Papierwanderl wird auf das Backblech gelegt und der Teig darin gleichmäßig mit dem Messer verstrichen. Dann belegt man den Kuchen dicht mit Weichseln (oder Kirschen) und läßt ihn im Backrohr schön goldgelb bakken. Ist er fertig, wird er mit Zucker reichlich bestreut, in Stücke zerteilt, vom Papier genommen und angerichtet.

Das Schmalz, der Zucker und sechs Dotter werden eine halbe Stunde lang abgetrieben, dann rührt man das Mehl ein und zieht den steifen Schnee von sechs Eiklar unter. Ein Backblech mit Rand wird gebuttert und mit Bröseln gefeht. Darauf gießt man den Teig, verteilt ihn gleichmäßig und belegt ihn, die Schale nach unten, mit entkernten, in Achteln geschnittenen Zwetschken. Im Rohr gebacken, braucht er bei mittlerer Hitze ca. eine Dreiviertelstunde zum Garwerden. Am Blech noch warm geteilt, nimmt man die Stücke nach dem Erkalten mit der Tortenschaufel auf, richtet sie auf einem Teller an und bestreut reichlich mit Zucker.

95. PRESSBURGER BEUGEL

Man nehme:
18 dkg Butter
30 dkg Mehl
4 Eier
3 dkg Germ
Zucker
Obers
Salz
Mohn- oder Nußfülle

Man bröselt die Butter mit dem Mehl und einer Prise Salz gut ab, gibt drei Eidotter und das gut aufgegangene Dampfl von 3 dkg Germ, zwei Eßlöffel Zucker sowie zwei bis drei Eßlöffel Obers dazu. Der Teig wird mit dem Nudelwalker abgearbeitet und einige Male zusammengeschlagen, um wieder ausgewalkt zu werden. Zuletzt läßt man ihn, mit einer angewärmten Schüssel bedeckt, rasten.

Später schneidet man ihn in gleichmäßige Stücke, die zwischen zwei mit Mehl gestaubten Hangerln verteilt werden. Man läßt den Teig aufgehen. Darauf walkt man ein Stück nach dem anderen dünn aus und schneidet daraus längliche Vierecke, die, mit der gewünschten Fülle versehen, zu Kipferln gerollt werden. Man biegt die Enden eingedreht herab und legt die Beugel auf ein gebuttertes Backblech, bestreicht sie mit verklopftem Ei und läßt sie schön braun backen.

96. MOHNFÜLLE

12 dkg Zucker und 15 dkg geriebener Mohn werden mit lauwarmer Butter, zwei Dottern, zwei Eßlöffel Obers, einer Handvoll feingeschnittenen Rosinen, etwas Zimt und Vanille gut abgerührt und ziemlich dick auf den Teig aufgestrichen.

97. NUSSFÜLLE

15 dkg Zucker mit 2 dl Milch dicklich kochen. Dann gibt man 30 dkg geriebene Nüsse, etwas Vanille, Zitronenschale, Neugewürz und einige feingeschnittene Rosinen hinein, rührt die Masse gut durch und verwendet die Fülle noch lauwarm.

98. STANITZELN
Man nehme:
14 dkg Staubzucker
3 Eier
10 dkg Mehl

Zur Fülle:
¼ l Obers
16 dkg Staubzucker
frische Erdbeeren oder
geriebene Schokolade

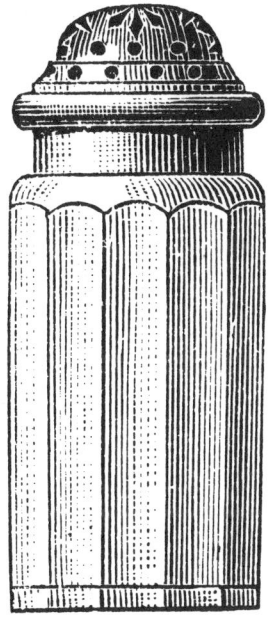

Der Zucker wird mit den Eiern eine halbe Stunde lang gerührt, dann gut mit dem Mehl vermengt.

Auf ein mit Bienenwachs bestrichenes, gänzlich erkaltetes Backblech gibt man jeweils einen halben Eßlöffel Teig und streicht diesen mit dem Löffel messerrückendick in die Länge. Wenn das Blech voll ist, wird es in das Backrohr geschoben. Bei mittlerer Hitze bleiben die Teigstreifen so lange drinnen, bis sie sich vom Blech lösen lassen. Nun wird das Blech aus dem Rohr genommen und auf den warmen Herd gestellt. Aus den Teigstreifen formt man flink Stanitzel und legt diese nach dem Erkalten auf einen Teller.

Zubereitung der Fülle: ¼ l Obers wird fest geschlagen und mit 16 dkg Staubzucker vermischt. Man kann zur Verbesserung noch frische Walderdbeeren oder auch geriebene Schokolade untermischen.

Nachdem die Stanitzel mit dem Obers gefüllt sind, müssen sie sogleich zu Tisch, da der Teig bereits nach zehn Minuten weich wird.

99. HASELNUSSROULADE

Man nehme:
15 dkg Staubzucker
8 Eier
35 dkg Haselnüsse
14 dkg Semmelbrösel
¼ l Obers
5 dkg Vanillezucker

Der Zucker wird mit sieben Dottern und einem ganzen Ei abgetrieben. 25 dkg geriebene Haselnüsse werden mit den Bröseln sowie mit dem Schnee von sieben Eiklar vermischt und die Masse auf einem Backblech mit Rand auf ein Backpapier, welches gebuttert und gefeht wurde, gleichmäßig aufgestrichen. Im Rohr gebacken, wird der Teig noch warm mit der Fülle bestrichen und durch vorsichtiges Aufheben des Papiers zur Roulade eingedreht. Diese wird dann auf einen passenden Porzellanteller gelegt, überzuckert und in gefällige Stücke geteilt.

Zur Fülle wird das Obers sehr fest geschlagen, der Vanillezucker und die restlichen geriebenen Haselnüsse werden untergezogen. Man kann von dieser Fülle auch etwas aufbewahren, die Roulade außen dünn damit überziehen und danach mit geriebenen Haselnüssen bestreuen.

100. TOPFENKUCHEN

Man nehme:
14 dkg Butter
14 dkg Mehl
2 Eier
Milch, Essig, Salz

Butter und Mehl werden zuerst gut abgebröselt, dann mit einem ganzen Ei, einem Löffel Milch, einer Prise Salz und einem kleinen Löffel Essig zu einem geschmeidigen Teig abgearbeitet. Nach einer halben Stunde Rasten wird die Hälfte des Teiges aufgewalkt und auf das befettete Blech gebreitet. Darüber kommt die reichliche Topfenfülle (siehe diese) und darauf die zweite ausgewalkte Teighälfte. Man bestreicht diese mit Ei und bestreut mit Staubzucker. Nachdem man den Teig öfter mit einer Gabel eingestochen hat, wird der Kuchen ins Rohr getan, gebacken und, wenn fertig, in gefällige Stücke geschnitten.

101. FEINE TOPFENFÜLLE

Man nehme:
28 dkg Topfen
2 Eier
8 dkg Staubzucker
5 dkg Mandeln
3 bis 4 bittere Mandeln
7 dkg Sultaninen

Der fein passierte Topfen wird mit allen Zutaten und den geriebenen Mandeln gut abgetrieben.

102. GUTER NIKOLSBURGER TOPFENKUCHEN

Man nehme:
14 dkg Topfen
14 dkg glattes Mehl
14 dkg Butter
2 Eier
Staubzucker, Vanillezucker
bittere Mandeln

Der Topfen wird fein passiert, mit einem Eidotter, einigen Löffeln Staubzucker und sechs bis acht geriebenen bitteren Mandeln abgerührt. Auf dem Nudelbrett bereitet man den Teig aus Mehl und Butter, wozu noch ein halber Becher laues Wasser, in dem man ein Ei gut verquirlt hat, kommt. Der glattgearbeitete Teig wird in zwei Hälften geteilt. Die erste Hälfte wird zu einem runden, dünnen Fladen gewalkt, den man auf weißes, gebuttertes Papier legt und auf das Backblech tut. Darauf verteilt man, einen ganz schmalen Rand freilassend, die Topfenfülle. Nun wird die zweite Teighälfte ausgewalkt, obenauf gelegt und der Topfenkuchen in das heiße Backrohr geschoben. Wenn er gebacken ist, bestreut man ihn noch warm mit Vanillezucker.

103. HIMBEERTORTE

Man nehme:
20 dkg Staubzucker
10 dkg Mehl
4 dkg Butter
7 Eier
¼ l Obers
½ kg Himbeeren

Sieben Dotter werden über Dunst mit 10 dkg Zucker lauwarm geschlagen und bis zum Erkalten weitergerührt. Dann werden die flüssige, aber nicht heiße Butter, der Schnee von sieben Eiklar und zuletzt das Mehl vorsichtig daruntergemengt.

Diese Masse wird in der gebutterten, gefehten Tortenform im mittelheißen Rohr gebakken. Nach Erkalten wird sie zweimal durchgeschnitten. Von dem mit 10 dkg Zucker steif geschlagenen Obers nimmt man etwa ein Viertel, mischt die sauberen, trockenen Himbeeren darunter und füllt damit die Tortenblätter.

Die Oberseite der Torte wird mit dem steif geschlagenen Obers hübsch dressiert, mit Himbeeren verziert, sehr kühl gestellt und bald serviert.

104. PRAGER KIRSCHENKUCHEN

Man nehme:
27 dkg glattes Mehl
3 dl Obers
6 Eier
7 dkg Schmalz
7 dkg Staubzucker
Kirschen

Semmelbrösel

In einer Schüssel wird das Schmalz mit dem Zucker gut abgetrieben. Dann gibt man nach und nach sechs Dotter, ein wenig Obers und ganz langsam das Mehl unter die Masse. Zuletzt wird der sehr fest geschlagene Schnee von sechs Eiklar untergezogen. Ein mit einem Rand versehenes Blech wird gut geschmiert und mit Semmelbröseln gefeht. Man gießt den Teig darauf und verteilt ihn mit der Teigkarte gleichmäßig. Er wird dicht mit Kirschen belegt und im gut heißen Rohr gebacken. Vor dem Servieren wird der Kirschenkuchen noch reichlich mit Staubzucker bestreut.

105. SANDKUCHEN – FEINER ART

Man nehme:
16 dkg Staubzucker
10 Eier
8 dkg Mehl
8 dkg Weizendunst
12 dkg Butter

Über Dunst werden im Schneekessel der Zucker, sechs ganze Eier und vier Dotter so lange geschlagen, bis die Masse dick ist (sie darf aber nie zum Kochen kommen!). Vom Dunst genommen, wird sie bis zum Erkalten weitergeschlagen, dann rührt man das Mehl und die zerlassene, aber nicht heiße Butter unter.

Die Masse wird in eine gebutterte, gefehte Form gefüllt und langsam gebacken. Nach dem Auskühlen wird sie fest überzuckert oder nach Belieben glasiert.

106. REHRÜCKEN
Man nehme:
8 Eier
14 dkg Staubzucker
14 dkg Mandeln
10 dkg Schokolade
4 dkg Semmelbrösel
Zitrone, Rum, Pignolien

Die acht Dotter werden mit dem Zucker flaumig abgetrieben. Dann zieht man den fest geschlagenen Schnee der Eiklar unter und mischt die Brösel, die geriebene Schokolade und die mit der Schale geriebenen Mandeln dazu. Jetzt würzt man mit der geriebenen Schale einer halben Zitrone und einem Kaffeelöffel Rum. Alle Zutaten werden leicht verrührt und dann in die geschmierte und gefehte Rehrückenform gefüllt.

Im Rohr fertiggebacken, wird der Rehrücken mit Schokoladeglasur überzogen und zierlich mit Pignolien geschmückt. Rehrücken wird auch gerne mit geschlagenem Obers angeboten.

Es war und ist der größte Wunsch jedes Konditormeisters, eine eigene, noch nie dagewesene Torte zu erfinden. Diese dann einem erlauchten Hause zu widmen, sie also zu adeln, oder sich, die Torte mit dem eigenen Namen bezeichnend, in der kulinarischen Welt damit unsterblich zu machen. Einer, dem dies gelungen ist, war Franz Sacher, der mit der von ihm komponierten Schokoladetorte ganz besonderer Art schon zu Lebzeiten berühmt wurde. Bereits als 16jähriger im Hause Metternich als Kocheleve angestellt, soll er, so die Familienlegende, „seine" Torte zum ersten Mal gebacken haben. Sein Sohn Eduard Sacher verstand es, die Erfindung seines Vaters gehörig kommerziell auszuwerten. Als er sein Erzeugnis im Jahre 1888 in einem Feuilleton der „Wiener Zeitung", welches sich mit hiesigen kulinarischen Spezialitäten befaßte, nicht erwähnt fand, setzte er sich sogleich an den Schreibtisch, um dagegen energisch zu protestieren. Die Sachertorte könne von keinem Koch oder Zuckerbäcker nachgeahmt werden, schreibt er dem amtlichen Blatt und weist auch gleich auf seinen blühenden Handel mit der Sachertorte hin: 200 bis 400 Stück werden manchen Tag verkauft und spediert. Sogar über das Meer gingen seine Erzeugnisse, merkt er stolz an.

Die Familie Sacher gibt es schon lange nicht mehr, aber im Wiener Hotel Sacher wird fleißig weitergebacken und in alle Erdteile verkauft. Auch streitbar wie Eduard Sacher, was die Torte betrifft, erwiesen sich die neuen Besitzer des alten Hotels. Sie führten mit der k. und k. Hofzuckerbäckerei Demel einen vielbelachten Tortenkrieg durch alle Instanzen, der erst durch ein Erkenntnis des Obersten Gerichtshofes nach sieben Jahren beendet wurde. Nur die im Hotel

Sacher erzeugte Torte darf sich „Original Sacher-Torte" nennen – sapristi!

Der Kampf wird einem verständlicher, wenn man weiß, daß heute die Torten zu Tausenden fabriziert und exportiert werden. Dazu eignet sich die jetzige „Original Sachcr-Tortc" vorzüglich, denn sie schmeckt auch nach Wochen so, als hätte man sie gleich, nachdem sie aus der Erzeugung kam, in Wien gegessen. Honni soit qui mal y pense! Vor die Wahl gestellt, „Original Sacher-Torte" oder Demel-Torte, entscheide ich mich für die Sachertorte auf Seite 93. Keine Angst vor Prozessen! Ihren Gästen können Sie das Produkt Ihrer Kochkunst unbeschadet als „Sachertorte" servieren.

Ein Spaß am Rande der Tortenschlacht in den Gerichtssälen war es für mich, als ich an einem wunderbaren Herbstnachmittag in dem von mir so geliebten Petersdorf bei einem Viertel Heurigen, im Henkerl versteht sich, saß und sich der Herr des Hauses, Ludwig Nigl, zu mir setzte, um ein bisserl zu tratschen, wie es eben zwischen Leutgeb und seinen Stammgästen üblich ist. Heute weiß ich nicht mehr, wie wir auf das Thema „Sachertorte" gekommen sind, aber plötzlich stand der Herr Nigl auf, verschwand für einen Augenblick, um gleich darauf mit einem dicken, in Wachstuch gebundenen Heft wiederzukommen. „Das wissen Sie gar nicht, ich hab' seinerzeit beim Sacher als Koch gelernt, und da haben wir in der Lehrzeit drei verschiedene Sachermassen lernen und backen müssen. Welche die ist, um die jetzt der Streit geht, weiß ich nicht. Aber ich brauch's ja nimmer. Heute mach' ich doch nur mehr meinen Wein, und kochen tut die Frau!" Der Kuriosität halber zitiere ich hier die handgeschriebenen Aufzeichnungen eines Lehrlings aus der Sacherküche.

107. SACHERMASSEN

Sachermasse 1
30 dkg Zucker
20 dkg Butter
20 dkg Mehl
20 dkg Schokolade
10 Eiweiß
10 Dotter
Vanille

Sachermasse 2
14 dkg Butter
16 dkg Zucker
18 dkg Schokolade
8 Dotter
8 Eiweiß
12 dkg Mehl
Vanille

Sachermasse 3
80 dkg Butter
42 dkg Kakao
85 dkg Zucker
45 dkg Mehl
36 Dotter
36 Eiweiß
Vanille

Hochherrschaftliche sowie feinste Torten und Mehlspeisen

(Für die schon gewandte Köchin)

108. RADETZKYTORTE

Man nehme:
56 dkg Staubzucker
24 dkg Butter
18 Eier
35 dkg gekochte Kastanien
4 dkg Pistazien
4 dkg Pignolien
1 Messerspitze Kaffee
2 Eßlöffel Rum
Hohlhippen zur Verzierung

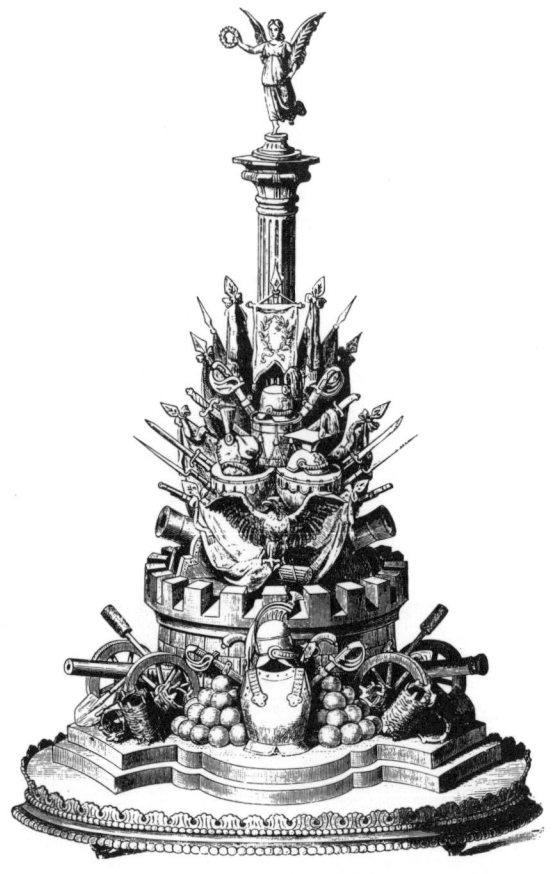

24 dkg Butter werden flaumig abgetrieben, 32 dkg Zucker und nach und nach 16 Dotter daruntergegeben. Alles wird gut verrührt. 32 dkg gekochte Kastanien werden passiert und mit einer Messerspitze feingeriebenen Kaffees und dem Schnee von 12 Eiklar in den Butterabtrieb leicht eingemischt. Aus dieser Masse werden zwei gleich große Tortenblätter in mit Butter ausgeschmierter und bemehlter Tortenform bei starker Hitze eine halbe bis eine dreiviertel Stunde im Rohr gebacken.

Nach dem Backen werden die Reifen von der Tortenform genommen und die Teigblätter zum Auskühlen auf ein Sieb gelegt. Sind sie ausgekühlt, werden vier Eßlöffel passierte Kastanien, 8 dkg Zucker, der Schnee von zwei Eiklar und zwei Eßlöffel Rum verrührt und auf die eine Platte gegeben. Gut verteilen! Die zweite Platte wird daraufgelegt und diese nunmehr gefüllte Torte auf ein Blech gelegt.

Jetzt wird aus vier Eiklar sehr steifer Schnee geschlagen, mit 16 dkg Staubzucker unterzogen und je 2 dkg Pistazien und Pignolien daruntergerührt. Diese Masse wird gleichmäßig über die Torte verteilt, mit Staubzucker bestreut und mit den restlichen geteilten Pignolien und Pistazien besteckt. Dann wird die Torte im offenen Backrohr 10–15 Minuten übertrocknet. Herausgenommen, kommt die Torte auf einen schönen Aufsatz und wird ringsum von der Seite mit Hohlhippen besteckt, die Kanonenrohre vorstellen sollen.

109. DOBOSTORTE

Man nehme:
11 dkg Staubzucker
10 Eier
8 dkg Butter
6 dkg Mehl
5 dkg Weizendunst

Zur Fülle:
20 dkg Butter
30 dkg Schokolade
Zimt
8 dkg Zucker

In einem Schneekessel verrührt man 11 dkg Staubzucker, sechs ganze Eier und vier Dotter mit der Schneerute über Dunst (dabei wird der Schneekessel auf eine passende Kasserolle, in der sich kochendes Wasser befindet, aufgesetzt). Man schlägt, bis die Mischung dick geworden ist. Dann wird der Kessel vom Dunst genommen, und man fügt 8 dkg zerlassene, aber nicht heiße Butter, 6 dkg Mehl und 5 dkg Weizendunst bei. Alles wird nun gut abgerührt. Dieser Teig wird messerrückendick auf zwei bis drei gefettete und gestaubte Backbleche gestrichen. Die Masse bei mittlerer Hitze langsam backen, mit einem Tortenreifen fünf Platten stechen, mit Schokoladecreme füllen.

Für diese wird die Schokolade auf einem Teller im Rohr erweicht und mit 20 dkg Butter und einer Prise Zimt flaumig abgetrieben.

Die einzelnen bestrichenen Platten werden aufeinandergesetzt und auch die oberste Platte wird dünn mit Creme bestrichen. Dann die Torte mit gebranntem Zucker übergießen. (Man gibt 8 dkg Zucker in eine Kasserolle und läßt ihn auf dem Feuer, bis er flüssig und lichtbraun ist.) Das Übergießen muß sehr flink vor sich gehen!

Wenn die Glasur erstarrt ist, teilt man sie mit einem heißen Messer in gleichmäßige Stücke, um das spätere Aufschneiden zu erleichtern.

---

110. SACHERTORTE

Man nehme:
16 dkg Schokolade
16 dkg Butter
16 dkg Staubzucker
16 dkg Mehl, 6 Eier
Marillenmarmelade

Zur Glasur:
12 dkg Schokolade
8 dkg Butter

Die Schokolade wird in einem Häferl im Rohr erweicht. Unterdessen wird die Butter gut abgetrieben, dann die weiche Schokolade hineingegeben und gerührt, bis alles kalt ist. Darauf werden der Zucker, das Mehl und sechs Eidotter nach und nach dazugerührt, endlich der Schnee von sechs Eiklar untergezogen. Eine mit Butter ausgeschmierte, mit Mehl gestaubte Tortenform wird mit dem Teig gefüllt und die Torte ca. eine Stunde im Rohr gebacken. Danach wird der Tortenreif entfernt, die Torte kühlt aus. Nun erst wird sie ganz dünn mit kochend heißer Marillenmarmelade bestrichen. Nachdem auch diese kalt geworden ist, wird die Torte mit einer Schokoladeglasur überzogen.

Die Glasur: 12 dkg Schokolade werden im Wasserbad erwärmt, mit 8 dkg Butter glatt verrührt und mit einem feuchten Messer rasch auf der Torte verstrichen.

111. SPANISCHE WINDTORTE

Man nehme:
5 Eier
17 dkg Staubzucker
1 dkg Stärkemehl

Fünf Eiklar werden mit dem Zucker und dem Stärkemehl im Schneekessel über Dampf so lange gerührt, bis die Masse sehr fest und beinahe schnittfähig ist. Vom Dampf genommen, schlägt man weiter, bis die Windmasse ausgekühlt ist. Auf das Tortenblech legt man weißes Schreibpapier aus, auf welches man mittels des Tortenreifens mit dem Bleistift drei Kreise gezeichnet hat. Mit dem Spritzsack trägt man jetzt von innen nach außen in einer endlosen Spirale ohne Zwischenräume die Windmasse auf, bis der ganze Kreis gefüllt ist. Man hebt noch etwas Masse auf, mit der man nach Belieben mit der passenden Tülle Blumen, Rosetten oder Arabesken auf das Papier spritzt, um später damit die Torte zu dekorieren. Im kühlen, offenen Rohr wird jetzt der Spanische Wind getrocknet. Er soll ganz weiß bleiben. Wenn alle drei Blätter und die Verzierungen trocken sind, werden sie vom Papier genommen. Dies ist sehr einfach, wenn man die Tortenblätter mit dem anhaftenden Papier behutsam wendet und dieses mit einem feuchten Schwamm mit ganz wenig kaltem Wasser benetzt und es dann sogleich leicht abzieht. Die Blätter werden mit Kaffeecreme (siehe Kaffeecremetorte Seite 72) gefüllt und aufeinandergelegt. Obenauf werden jeweils mit einem Tupfer Windmasse die vorbereiteten Verzierungen angebracht.

Aus dieser Spanischen Windmasse lassen sich auch Ringe für den Weihnachtsbaum spritzen, welche, vor dem Trocknen mit buntem Streusel bestreut, diesen als Behang sehr zieren.

112. KRONPRINZENTORTE

Man nehme:
18 dkg Butter
14 dkg Staubzucker
9 Eier
18 dkg Mandeln

Zur Fülle:
5 Eier
12 dkg Vanillezucker
18 dkg Butter
16 dkg Schokolade
Reismehl

Butter, Zucker und neun Eidotter werden sehr flaumig abgetrieben. Dann werden die geschälten, geriebenen Mandeln und der Schnee von neun Eiklar untergemischt. Aus dieser Masse bäckt man vier Tortenblätter. Diese werden nach dem Auskühlen mit folgender Creme gefüllt: Man schlägt fünf ganze Eier mit 12 dkg Vanillezucker und einem Eßlöffel Reismehl im Schneekessel über dem Feuer oder im heißen Wasserbad, bis die Masse dick ist. Nach dem Auskühlen wird sie mit dem Abtrieb von 18 dkg Butter und 16 dkg Schokolade vermischt.

Die gefüllte Torte wird mit Schokoladeeis überzogen.

95

113. WIENER-KONGRESS-TORTE

Man nehme:
14 dkg Mandeln
14 dkg Mehl
14 dkg Staubzucker
14 dkg Butter
5 dkg Pistazien
1 Ei

Zur Fülle:
½ Mokkatasse Kaffee
½ l Schlagobers
Staubzucker

Die mit der Schale geriebenen Mandeln werden mit dem Mehl, dem Zucker und der Butter unter Beigabe eines Dotters auf dem Brett gut abgearbeitet. Den fertig gekneteten Teig läßt man eine Stunde rasten, teilt ihn dann in fünf gleiche Teile und bäckt aus jedem ein dünnes Tortenblatt in der Springform. Wenn alle fünf Blätter fertig sind, füllt man sie – Lage für Lage – mit folgender Oberscreme:

114. TEGETTHOFFTORTE (BESONDERS KÖSTLICH)

Man nehme:
24 dkg Butter
32 dkg Staubzucker
32 dkg Kastanien
16 Eier
1 Prise Kaffee

Zur Fülle:
8 dkg Kastanien
24 dkg Staubzucker
6 Eier
Rum
2 dkg Pignolien
5 dkg Pistazien

Die Butter wird flaumig abgetrieben, mit dem Staubzucker verrührt und nach und nach mit 16 Dottern vermischt. Die Kastanien hat man gebraten, geschält und passiert. So werden sie jetzt mit einer Prise feingemahlenem Kaffee gemischt; zum Schluß wird noch der sehr steife Schnee von zwölf Eiklar beigegeben. Diese Masse wird zu zwei gleichen Teilen bei mittlerer Hitze im Rohr gebacken. Die beiden Tortenblätter werden auf ein Sieb gelegt und erkalten gelassen.

Inzwischen rührt man die 8 dkg gebratenen, passierten Kastanien mit 8 dkg Staubzucker und vier Eßlöffel Rum gut durch, vermischt sodann noch den Schnee von zwei Eiklar mit der Masse, welche zwischen die Tortenblätter gestrichen wird. Die ganze Torte wird hierauf wieder vorsichtig aufs gefettete Blech gelegt und mit dem fest geschlagenen Schnee von vier Eiklar, den man gut mit 16 dkg Staubzucker, den gehackten Pignolien und Pistazien vermengt hat, überzogen. Mit den restlichen grobgehackten Pistazien bestreut, wird die Torte im offenen Backrohr 10 bis 15 Minuten übertrocknet. Auf Tortenpapier gelegt und auf den passenden Teller gebracht, ist sie ein besonders festlicher Nachtisch.

Man schlägt ½ l Schlagobers unter Beigabe von ein bis zwei Eßlöffeln Staubzucker schnittfest und zieht dann vorsichtig eine halbe Mokkatasse sehr starken ausgekühlten Kaffee darunter. Oder man mischt zwei Kaffeelöffel mehlfein gemahlenen Kaffee in das geschlagene Obers.

Die gefüllte Torte wird mit der restlichen Oberscreme überzogen und mit gehackten Pistazien bestreut.

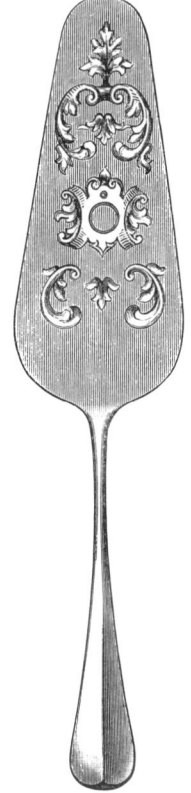

115. MARASCHINOTORTE
Man nehme:
14 dkg Mehl
16 dkg Staubzucker
8 Eier

Zur Fülle:
3 Eier
³⁄₁₆ l Milch
12 dkg Staubzucker
15 dkg Butter
Mehl
Maraschinolikör
Vanillezucker
Kirschenmarmelade

Acht Dotter werden mit 8 dkg Zucker schaumig gerührt, dann zieht man den mit dem restlichen Zucker steif geschlagenen Schnee von acht Eiklar unter und mischt löffelweise auch noch das Mehl zur Masse.

In der gebutterten, gefehten Tortenform wird die Torte im mittelheißen Rohr etwa 40 Minuten gebacken. Nachdem man sie auf ein Sieb gelegt und auskühlen lassen hat, wird sie zweimal durchgeschnitten und mit der Maraschinocreme gefüllt.

Zu dieser werden unter fleißigem Umrühren drei Dotter, ³⁄₁₆ l Milch, zwei Eßlöffel Mehl und 12 dkg Zucker aufgekocht. Man rührt bis zum Auskühlen weiter und fügt etwas Vanillezucker und zwei Stamperl Maraschinolikör hinzu. Zum Schluß rührt man 15 dkg Butter schaumig in die Creme.

Die gefüllte Torte wird mit Kirschenmarmelade bestrichen und mit Zitroneneis überzogen.

116. ILSETORTE

Man nehme:
18 dkg Staubzucker
7½ dkg Mehl
7½ dkg Kartoffelmehl
7 Eier
2 Rippen Kochschokolade
Marillenmarmelade

12 dkg Zucker werden mit sieben Dottern ganz dickschaumig gerührt und dann mit dem Schnee von sieben Eiklar, welche mit dem restlichen Zucker sehr steif geschlagen wurden, vermischt. Beide Sorten Mehl werden gemischt, in die Masse gesiebt und leicht untergezogen. Von dieser Masse gibt man ein Drittel in eine Schüssel und vermischt sie mit der feingeriebenen Schokolade.

In die gebutterte, gefehte Tortenform wird jetzt vorsichtig abwechselnd eine Lage weißer und schwarzer Teig gefüllt, so daß sieben Schichten entstehen. Die Torte wird dann im nicht zu heißen Rohr etwa 50 Minuten gebakken. Nach dem völligen Erkalten überzieht man sie mit Marillenmarmelade, über die man Zuckereis streicht.

117. MOZARTTORTE

Man nehme:
21 dkg Butter
21 dkg Staubzucker
28 dkg Mandeln
7 dkg Mehl
3 Eier
Nelken
Muskatblüte
Zimt, Zitrone

Butter und Zucker werden flaumig abgetrieben, ein ganzes Ei und zwei Dotter werden leicht eingerührt. Dann reibt man die Schale einer Zitrone in den Teig und würzt diesen mit je einer Messerspitze gemahlenen Nelken, Zimt und Muskatblüte. Die mit der Schale geriebenen Mandeln und das glatte Mehl werden danach dazugemischt.

In einer mit Butter ausgeschmierten, gut gefehten Tortenform wird die Torte sehr langsam gebacken. Man kann sie mit Zitroneneis oder Schokoladeglasur (wie bei der Sachertorte, Seite 93) überziehen.

118. KRONPRINZ-RUDOLF-SCHNITTEN

Man nehme:
32 dkg Staubzucker
16 Eier
32 dkg Mandeln
12 dkg Mehl
Marmelade

Zum Verzieren:
kandierte Weichseln
Angelika
grüne Mandeln

32 dkg Staubzucker werden mit 16 Dottern eine Stunde lang gerührt. Dann kommen 32 dkg feingeriebene Mandeln und zwei Eiklar dazu. Wenn alles gut vermengt ist, wird der Schnee von acht Eiklar und 12 dkg Mehl zu gleicher Zeit untergezogen. Dieser Teig wird auf dem gebutterten Blech dreimesserrückendick aufgestrichen und hellgelb gebacken. Nun wird er in der Mitte geteilt, die eine Hälfte mit beliebiger Marmelade bestrichen und die andere draufgelegt, zart angedrückt und mit einer Glasur überzogen. Dafür empfehlen wir, den Saft einer halben Orange mit 8 dkg Staubzukker gut zu verrühren.

Die Schnitten werden gleich zu hübschen Rhomben geschnitten und mit halben kandierten Weichseln, Angelika-Stücken und gespaltenen grünen Mandeln phantasievoll verziert.

119. HERZOGSCHNITTEN

Man nehme zweimal:
14 dkg Zucker
7 Eier
14 dkg Mandeln
2 dkg Brösel
1 Zitrone
Zimt, Nelken
Rum
Muskatnuß
Marmelade

Der Zucker wird mit sechs Dottern und einem ganzen Ei gut abgetrieben. Von sechs Eiklar der Schnee, die geriebenen Mandeln, die Brösel, der Saft sowie die geriebene Schale einer halben Zitrone und ein Kaffeelöffel Rum werden dazugerührt. Diese Masse kommt auf ein gefettetes, bemehltes Randblech und wird hellgelb gebacken.

Die Masse macht man nun ein zweites Mal, nur werden jetzt die Mandeln ungeschält gerieben und außerdem noch etwas Zimt, eine Prise Nelken und Muskatnuß dazugegeben. Beide gebackenen Massen werden nach dem Auskühlen in fünf fingerbreite Streifen geschnitten, welche, mit Konfitüre bestrichen, so aufeinandergelegt werden, daß oben der dunkle Teil zu liegen kommt. Auch die Oberseite wird mit Konfitüre bestrichen, über welche man noch grobgehackte weiße Mandeln streut.

120. ESTERHÁZYTORTE

Man nehme:
20 dkg Mandeln
17 dkg Staubzucker
6 Eier

Zur Fülle:
25 dkg Butter
15 dkg Staubzucker
5 dkg Mehl
¼ l Milch
4 Eier
Vanillezucker

Zur Glasur:
Zuckereis
Schokoladeglasur

Sechs Eiklar werden zu einem steifen Schnee geschlagen, dem nach und nach die geschälten, geriebenen Mandeln und 17 dkg Zucker beigegeben werden. Von dieser Masse bäckt man sechs bis acht dünne, goldgelbe Tortenblätter. Diese Blätter werden mit folgender Creme gefüllt: Vier Dotter werden mit 15 dkg Zucker, 5 dkg Mehl und der Milch mit etwas Vanillezucker unter ständigem Rühren kurz aufgekocht und dann zum Auskühlen beiseite gestellt. Die Butter wird schaumig gerührt und löffelweise in die erkaltete Creme gemischt.

Nun wird das oberste Tortenblatt mit Zuckereis überzogen und die Schokoladeglasur mit Hilfe eines kleinen Papierstanitzels in daumenbreiten Abständen kreisförmig von der Mitte aus aufgespritzt. Die noch warme Schokolade wird zu einem hübschen bogenförmigen Muster geformt, indem man einen Messerrükken sanft vom Zentrum aus zum Tortenrand zieht.

121. TRAUNKIRCHNER TORTE

Man nehme:
25 dkg Butter
28 dkg Mehl
8 dkg Staubzucker
1 dkg Vanillezucker

Für die Fülle:
7 dkg Staubzucker
9 dkg Marillenmarmelade
3 Eier

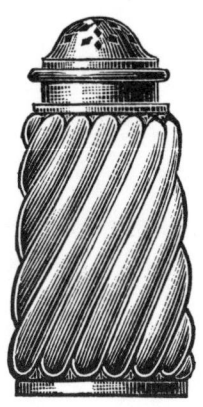

Die Zutaten werden auf dem Brett gut abgearbeitet, der fertige Teig dann in vier gleiche Teile geteilt, dünn zu gleich großen Tortenblättern ausgewalkt und gebacken. Nach dem Auskühlen werden die Blätter mit der aus dem steifen Schnee von drei Eiklar, 7 dkg Staubzucker und 9 dkg Marillenmarmelade gerührten Fülle bestrichen und aufeinandergelegt. Die Torte muß einige Tage kühl rasten und wird dann, mit Staubzucker bestreut, angerichtet.

Wer Mehlspeisen liebt, wird das ganze Jahr hindurch leicht immer wieder eine Gelegenheit finden, zu der es unumgänglich notwendig scheint, etwas Süßes zu backen. Doch der Kalender schreibt dem Küchenjahr bestimmte Höhepunkte vor. Da sind die Geburtstage, zu denen jedes Geburtstagskind seine ihm seit Kindheit zugeordnete Torte erwartet. Wehe, wenn der Onkel Guido seine Kastanientorte oder Onkel Rucki seine Mohntorte nicht auf dem Geburtstagstisch findet! Dann bringt Ostern die Zeit der großen Striezelbäckerei. Auch die Namenstage werden durch eine Torte versüßt. Von Hochzeiten, Taufen und Firmungen ganz zu schweigen. Da überbieten einander die Mehlspeisköchinnen und holen oft auch nachbarliche Hilfe auf Gegenseitigkeit, um nur ja mit Kuchen, Torten und Bäckereien zu glänzen. Die hohe Zeit des Backens aber war und ist Weihnachten. Wochen vor dem Fest riecht es schon im ganzen Haus nach Zimt und Vanille. Man sitzt die Abende beieinander, knackt Nüsse und löst Kerne aus. Aus dem Keller werden die großen Gläser mit den eingelegten Eiern geholt. Darauf wird bei uns auch heute noch geschaut, denn im Sommer sind die Eier billiger und das Dotter ist nicht so blaß wie im Winter. Alle dürfen mithelfen beim Vorbereiten der Zutaten, beim Ausstechen der Kekse, beim Beeisen und bei vielen anderen Handgriffen bis hin zum sorgsamen Einschlichten in Schachteln und Dosen, in denen die kleinen Köstlichkeiten, die Kipferln, Busserln, Stangerln und was sonst noch gebacken wurde, bis Weihnachten ruhen sollen.

Und so sicher sich in meiner Bubenzeit das adventliche Mehlspeis-Ritual jedes Jahr immer wieder abspielte, so sicher war es auch, daß dabei irgendwann auch die Geschichte vom Onkel Albert immer wieder erzählt wurde, wobei er selbst, schon hoch in den Achtzigern, still schmunzelnd zuhörte.

Onkel Albert war der Schwiegervater der Tante Annie – das ist die mit den Cognacringerln. Onkel Albert, wenn auch nur angeheiratet, paßte, was die Freude am Essen betraf, sehr gut in unsere Familie. Allerdings hatte er eine – beinahe konnte man es ein Laster nennen – unstillbare Gier nach süßen Sachen. Selbst die Zuckerln und Schokoladen seiner Enkerln waren vor ihm nicht sicher. Annie mußte sogar den Würfelzucker vor ihm wegsperren und konnte dann aber meist den Schlüssel zur Kredenz nicht mehr finden, den sie immer wieder an neuen Plätzen versteckte.

Und wie sie ihn wieder einmal so gut aufgehoben hatte, daß er wie vom Erdboden verschwunden schien, hat ihr Onkel Albert in ihrer Verzweiflung geholfen: aus seinem Westentascherl holte er einen lieben kleinen Sperrhaken, den er sich aus einem Stückerl Draht gebastelt hatte, und öffnete mit einem gekonnten Dreh die Kredenz vor Annies erstaunten Augen. So war er halt, der Onkel Albert! Die Güte in Person, hilfsbereit, liebenswürdig! Nur, was Süßigkeiten betraf . . . So war er aber schon als Kind, und jetzt erst beginnt die Adventgeschichte vom kleinen Albert!

Auch in seiner Familie war es Brauch, daß alle im Haus bei der Weihnachtsbäckerei mithalfen. Um aber das Christkind nicht ganz auszuschalten, war es Tradition, alles, was jeweils an einem der Vorweihnachtstage gebacken war, vor dem Zubettgehen ins Fenster zu stellen, von wo es vom Weihnachtsengerl auch prompt abgeholt wurde, um dann erst am 24. Dezember wieder aufzutauchen. Nun war auch der kleine Albert nicht aufzuhalten, dem Christkind zu helfen

und, das war sein größter Wunsch, ganz allein. Da er ein sehr begabter kleiner Koch war, hinderten ihn seine Eltern auch nicht, seine süßen guten Werke zu tun. Seine Spezialität war schon mit zwölf Jahren das Bereiten und Backen von Windbäckerei sowie von Vanillekipferln. Die Mama teilte ihm die nötigen Zutaten reichlich zu und ließ dann den mit glühenden Wangen an die Arbeit gehenden Jungkoch alleine werken.

Was er fabrizierte, waren echte Kunstwerke. Er dressierte aus der Windbäckereimasse zierliche Schneeflocken aufs Backblech, dazu mit unendlicher Geduld geformte kleine Tannenbäume, und gar, wie er es beim Demel gesehen hatte, über einen Körper von zerknülltem Stanniolpapier plastische Engel. Alles das verzierte er noch mit Hagelzucker oder buntem Streusel. Wenn seine Eltern, schon müde und bettreif, einen Blick in die Küche warfen, war der Vaterstolz nicht zu bremsen: „Das ist halt mein Sohn!" „Ja, er macht genau so eine Wirtschaft wie du!" war die eher prosaische Antwort seiner Frau. Da ein Ende dieser adventlichen Backorgie nicht abzusehen war, wünschten sie dem Buben „Gute Nacht!", der versicherte, auch bald Schluß zu machen und dann alles brav ins Fenster zu stellen – fürs Weihnachtsengerl.

Halb im Schlaf aber hörte die Mama noch, wie mehrmals in der Nacht Türen gingen und nackte Kinderfüße durch die Wohnung tappten.

Am Morgen danach, während der kleine Albert, der sich seine Ruhe sicherlich wohl verdient hatte, noch schlief, gingen die Eltern leise in die Küche, um aufzuräumen, vor allem aber, um die Kunstwerke in Vertretung des Weihnachtsengerls wegzuschaffen.

Aber, ob Sie mir glauben oder nicht: das Fenster war leer. In der Küche war nicht ein einziges Stück

Backwerk zu finden: das Engerl hatte offensichtlich schon alles mitgenommen – ein Weihnachtswunder war geschehen!

Kein Wunder, nur sehr wunderlich war die unübersehbare Bröselspur zwischen Küche und Kinderzimmer. Sie führte bis an Alberts Bett, welcher selig lächelnd, das Gesicht bis über beide Ohren mit Streusel- und Windbäckereiresten verpickt, tief und friedlich schlief. Leise, um ihn nach der anstrengenden nächtlichen Arbeit nicht zu wecken, räumte die Mama die am Boden liegenden sauber abgelutschten Stanniolreste weg.

Viel später dann, beim Frühstück, verkündete Albert, nach einem Blick ins Fenster, stolz: „Das Engerl hat meine Bäckereien schon geholt!" Offensichtlich hatte er keinerlei Erinnerung an seine nächtliche Freßtour. Um den Weihnachtsfrieden nicht zu stören und den Glauben an das Zuckerengerl nicht zu rauben, war es eine ausgemachte Sache, das Buberl nicht zur Rede zu stellen oder gar zu bestrafen.

Und, man höre und staune: am Heiligen Abend waren dann alle die nächtlich verschlungenen süßen Sachen auf einmal doch wieder ganz und heil unter und auf dem Weihnachtsbaum zu finden. Die Silberschnurketten mit den Windbäckereiflocken, die Sterne und sogar die kunstvollen Figuren mit den Stanniolseelen. Ein Weihnachtswunder also, für das der kleine Albert ein inniges „Danke, liebes Engerl!" sprach.

Während diese Geschichte erzählt wurde, ordnete Onkel Albert die Vanillekipferln in die Blechdosen, nicht ohne dafür zu sorgen, daß genügend „Bruch" dabei entstand, den er, der Ordnung wegen, gleich selbst wegputzte. Es gelang mir nur mit Mühe, ihm manchmal auch ein halbes Kipferl für mich abzubetteln. Es war im letzten Advent, den er noch mit uns verbrachte, da stellte ich ihm die Frage, die mich schon seit Jahren beschäftigte: „Sag, Onkel Albert – hast du seinerzeit als Kind, wie du immer alles aufgegessen hast, wirklich an das Weihnachtsengerl geglaubt?"

Da lachte Onkel Albert ganz verschmitzt: „Also, dir, weil du auch so schön backst, kann ich es ja verraten: An das Engerl hab' ich schon geglaubt, aber verlassen hab' ich mich, was die Wunder betrifft, mehr auf den Papa!"

Vielerlei Busserln, Stangerln, Kipferln und Krapferln

welche nicht nur zu Weihnachten schmecken

122. FAMILIENBUSSERLN

Man nehme:
25 dkg Butter
12 Eier
25 dkg Staubzucker
20 dkg geriebenes Schwarzbrot
Zimt
10 dkg Mandeln .

Die Butter wird mit vier ganzen Eiern und acht Dottern flaumig abgetrieben. Dann den Staubzucker, eine Messerspitze Zimt und das feingeriebene Schwarzbrot dazugeben, gut verrühren. Auf ein mit Bienenwachs bestrichenes Backblech aus dem Teig kleine Busserln dressieren. Diese werden mit den feingehackten Mandeln und Staubzucker bestreut und langsam im Rohr gebacken.

123. WITWENKÜSSE

Man nehme:
3 Eier
10 dkg Staubzucker
10 dkg Walnußkerne
5 dkg Zitronat
Oblaten

Über Dunst schlägt man drei Eiklar mit dem Zucker sehr dickschaumig. Dann kommen die grobgehackten Walnußkerne und das feingewiegte Zitronat dazu. Alles wird gut vermengt. Mit einem Kaffeelöffel setzt man kleine Häufchen auf die Oblaten. Die Witwenküsse werden im nicht zu heißen Backrohr goldgeld gebacken.

124. ONKEL-PISTÁ-BUSSERLN

Man nehme:
28 dkg Staubzucker
4 Eier
14 dkg Mandeln
7 dkg Mehl
7 dkg Kartoffelmehl
1 Zitrone
6 dkg Zitronat
2 dkg Aranzini
Nelken
Kardamom
Muskatblüte
Zimt
Oblaten

Der Zucker wird mit vier Dottern eine halbe Stunde gerührt. Dann würzt man mit je einer Messerspitze der pulverisierten Gewürze. Die feingehackten Aranzini und das feingehackte Zitronat sowie die geriebenen Mandeln werden mit dem Abgeriebenen und dem Saft einer halben Zitrone dazugegeben. Dann zieht man den steifen Schnee von vier Eiklar unter und rührt erst zum Schluß das Mehl in die Masse.

Auf dem Backblech legt man runde talergroße Oblaten aus, setzt auf jede einen Kaffeelöffel des Busserlteiges und bäckt diesen bei mittlerer Hitze. Nach Belieben kann man auf die fertigen Busserln noch je einen Klecks Zuckereis tun.

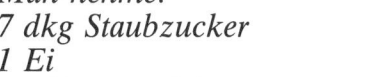

125. SCHOKOLADEBUSSERLN
Man nehme:
2 Eier
10 dkg Staubzucker
10 dkg Schokolade
Stärkemehl
Oblaten

Zwei Eiklar werden zu einem festen Schnee geschlagen. Unter diesen rührt man rasch den Zucker, einen Eßlöffel Stärkemehl und die geriebene Schokolade. Auf das mit Backwachs beschmierte Blech werden kleine runde Oblaten gelegt und auf jede von ihnen ein Löfferl der Busserlmasse gegeben. Bei geringer Hitze langsam im Rohr gebacken, werden die Busserln noch warm vom Blech genommen.

126. BAUERNBUSSERLN
Man nehme:
7 dkg Staubzucker
1 Ei
50 dkg Mandeln
7 dkg Mehl
Aranzini

Der Zucker wird mit dem ganzen Ei eine halbe Stunde lang gerührt. Dann gibt man nach und nach die geriebenen Mandeln und löffelweise das Mehl dazu. Mit dem Kaffeelöffel setzt man von der Masse kleine Häufchen auf das gut gewachste Backblech, tut in die Mitte eines jeden Busserls noch ein kleines, viereckig geschnittenes Stückchen Aranzini und bäckt die Busserln im Rohr schön goldgelb.

127. MANDELBUSSERLN
Man nehme:
13 dkg Staubzucker
13 dkg Mandeln
1 Ei
Vanillezucker, Oblaten

Im Schneekessel schlägt man das Klar von einem Ei sehr fest, stellt dann den Kessel auf eine passende Kasserolle mit kochendem Wasser, gibt die feingeriebenen Mandeln, den Staub- und etwas Vanillezucker dazu und rührt eifrig, bis sich die Masse vom Schneekessel löst. Dann verteilt man teelöffelweise die Masse auf Oblaten, gibt diese auf das Backblech und läßt sie im Rohr kühl überbacken. Die Busserln sollen oben rissig, innen aber weich sein.

128. VALERIEBÄCKEREI

Man nehme:
28 dkg Butter
28 dkg Mehl
9 Eier
1 Zitrone
Muskatnuß, Salz, Hagelzucker

In einer tiefen Schüssel wird die Butter flaumig gerührt, mit acht hartgekochten, passierten Dottern, dem Saft einer Zitrone, etwas feinstgehackter Zitronenschale, einer Prise Salz und geriebener Muskatnuß sowie dem Mehl gut durchgearbeitet. Der glatte Teig wird auf dem bestaubten Nudelbrett messerrückendick ausgewalkt, dann sticht man mit einem mittleren Rundstecher Platten aus. Die Hälfte der runden Teigstücke legt man in fingerbreiten Abständen auf das gebutterte Backblech. Die andere Hälfte wird auch noch in der Mitte mit einem kleinen Stamperl ausgestochen. Die so erhaltenen Teigringe werden, nachdem man die Böden mit verklopftem Ei bestrichen hat, auf diese passend aufgesetzt. Auch die Reifen werden mit Ei bestrichen. Obenauf legt man aus dem restlichen Teig ausgestochene Verzierungen, bestreicht nochmals mit Ei, bestreut die Bäckerei mit Hagelzucker und läßt sie im Rohr bei milder Hitze fertigbacken.

129. STEFANIEKRAPFERLN

Man nehme:
14 dkg Mandeln
28 dkg Staubzucker
8 Eier
Schlagobers

Die feinstgeriebenen, passierten Mandeln werden mit 14 dkg Staubzucker und vier Dottern gut verrührt. Von acht Eiklar wird ein steifer Schnee geschlagen, dem man zuletzt 14 dkg Staubzucker zugibt und gut verschlägt. Zuckerschnee und Mandelmasse werden vermischt und in den Dressiersack mit großer Sterntülle getan. Auf das Backblech breitet man weißes Papier und dressiert darauf kleine, gleichmäßige Krapferln, die man überzuckert und im heißen Rohr ca. 15 Minuten trocknet. Noch warm, löst man sie vom Papier und drückt mit einem kleinen Löffel in die Seite, welche auf dem Papier war, eine Vertiefung. Nach dem gänzlichen Erkalten füllt man je zwei Krapferln mit steifgeschlagenem Schlagobers. Die Krapferln lassen sich auch mit verschiedenerlei Cremes gut füllen.

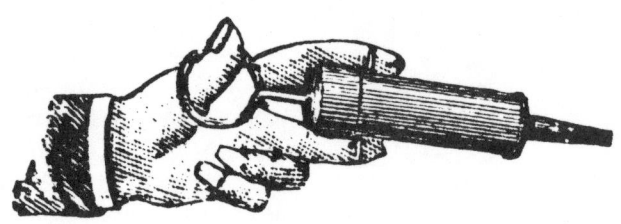

130. HAUSFREUNDE

Man nehme:
10 dkg Staubzucker
1 dkg Vanillezucker
2 Eier
14 dkg Mandeln
14 dkg Mehl

Der Zucker wird mit zwei Dottern und dem Schnee eines Eies gut verrührt. Dann mengt man die Mandeln, eine Hälfte fein gerieben, die andere gestiftet, darunter und arbeitet die Mischung auf dem Brett mit dem Mehl ordentlich ab. Aus diesem Teig formt man zwei bis drei Stangen von ca. 2 cm Durchmesser, legt sie auf ein gut gewachstes Backblech und läßt sie bei mittlerer Hitze eine gute halbe Stunde backen. Das Gebackene bleibt über Nacht auf dem Blech und wird erst am nächsten Tag, nachdem man es im Rohr wieder ein wenig gewärmt hat, in gefällige Scheiben geschnitten, die mit Staubzucker bestreut werden. Die Hausfreunde lassen sich in einer Dose auch lange Zeit als Vorrat gut aufheben.

131. BRANDTEIGKRAPFERLN

Man nehme:
7 dkg Butter
7 dkg Staubzucker
28 dkg Mehl
7 Eier
⁴/₁₀ l Milch
Salz

Lasse in einer Kasserolle die Milch mit der Butter und dem Zucker sowie einer Prise Salz aufkochen, gib dann nach und nach das Mehl dazu und rühre so lange, bis sich ein fester Teig bildet, welcher sich von der Kasserolle und dem Löffel löst. Der Teig wird nun in eine Schüssel getan und ausgekühlt. Erst dann verrührt man nach und nach vier Dotter und zwei ganze Eier in die Masse. Auf dem bemehlten Nudelbrett formt man kleine runde Krapfen und setzt diese auf ein mit Butter beschmiertes Blech, bestreicht sie mit verschlagenem Ei und läßt sie im Rohr bei mittlerer Hitze backen. Wenn sie ordentlich aufgegangen sind, zieht man das Blech heraus, bestreut die Krapfen mit Staubzucker, schiebt sie wieder ins Rohr und bäckt sie gar. Herausgetan, läßt man die Krapfen ganz auskühlen, schneidet sie in der Mitte durch und füllt die beiden Hälften beliebig mit Marmelade, Creme oder Schlagobers.

132. VANILLEBUSSERLN

Man nehme:
25 dkg Butter
12 Eier
25 dkg Staubzucker
20 dkg Schwarzbrot
Zimt
10 dkg Mandeln

Die Butter wird mit vier ganzen Eiern und acht Dottern flaumig abgetrieben, dann werden der Staubzucker und das im Rohr übertrocknete, gemahlene Schwarzbrot sowie eine Prise Zimt untergerührt. Auf ein gewachstes Blech setzt man nun mit dem Kaffeelöffel kleine Häufchen Teig, bestreut sie mit feingehackten Mandeln und Staubzucker und bäckt die Krapferln langsam im Rohr.

133. OFFIZIERSKRAPFERLN
Man nehme:
28 dkg Butter
8 dkg Staubzucker
35 dkg Mehl
1 Zitrone

Die Butter wird flaumig abgetrieben, dann der Zucker glatt untergerührt. Die geriebene Schale einer halben Zitrone und das Mehl werden dazugegeben und alles gut abgearbeitet. Der fertige Teig soll eine Viertelstunde rasten, dann wird er auf dem bemehlten Brett fingerdick ausgewalkt und mit einer runden Form ausgestochen. Auf dem gefetteten und gestaubten Blech ausgelegt, bäckt man die Krapferln goldgelb und beeist sie nach Belieben.

134. DOTTERKRAPFERLN
Man nehme:
20 dkg Mehl
6 Eier
10 dkg Staubzucker
10 dkg Butter
1 Zitrone

Man rührt die Butter weich, passiert sechs hartgekochte Dotter dazu, mischt das Mehl und den Zucker darunter, reibt noch die Schale einer Zitrone zu der Masse, die auf dem bemehlten Brett fingerdick ausgewalkt wird. Dann sticht man daraus kleine Krapfen, welche auf das gefettete Blech gesetzt und im Rohr gebacken werden. Noch heiß bestreicht man sie mit weißem Zuckereis.

135. SCHOKOLADEBROT
Man nehme:
14 dkg Butter
14 dkg Staubzucker
14 dkg Schokolade
11 dkg Mehl
6 Eier

Die Butter wird mit dem Zucker flaumig abgetrieben. Nach und nach werden sechs Dotter, die feingeriebene Schokolade und zuletzt das Mehl untergerührt. Zum Ende kommt noch der steif geschlagene Schnee von vier Eiklar dazu, und die gut verrührte Masse wird in einer reichlich geschmierten Wandelform sehr langsam gebacken. Mit Staubzucker bestreut, in fingerdicke Schnitten geteilt, richtet man das Schokoladebrot an.

136. ROSINENPATZERLN
Man nehme:
10 dkg Butter
14 dkg Zucker
14 dkg Mehl
¹/₁₆ l Obers
3 dkg Rosinen

Butter und Zucker werden schaumig gerührt und dann mit dem Mehl, dem flüssigen Obers sowie den Rosinen vermengt. Ein Backblech wird leicht gebuttert und gemehlt, darauf setzt man mit dem Spritzsack (runde Dülle) kleine Patzerln. Nicht zu eng verteilen, da die Patzerln stark auseinanderlaufen!

Im heißen Rohr werden die Patzerln so gebacken, daß nur der Rand goldbraun wird, die Mitte muß weich bleiben.

137. NUSSKAPSERLN
Man nehme:
12 dkg Staubzucker
3 dkg Brösel
12 dkg Haselnüsse
4 Eier
Rum
Walnußkerne
Papierkapseln

Vier Dotter werden mit dem Staubzucker schaumig gerührt und dann mit den geriebenen Haselnüssen und den mit etwas Rum befeuchteten Bröseln vermischt. Die Masse wird nun zwei Drittel hoch in die Papierkapseln gefüllt, die auf das Backblech gestellt und langsam gebacken werden. Danach werden die Nußkapserln mit Zuckereis überzogen und mit ausgesuchten Walnußhälften belegt.

138. LINZER KRAPFERLN – KÖCHIN KATHARINA

Man nehme:
20 dkg Butter
14 dkg Mandeln
21 dkg Staubzucker
35 dkg Mehl
1 Zitrone
3 Eier
Marillenmarmelade

Die Butter wird gut abgetrieben und dann mit dem Zucker, drei Dottern, dem Saft und der abgeriebenen Schale einer Zitrone gut vermischt. Diese Masse kommt auf das Brett und wird mit zwei Dritteln der grobgehackten Mandeln und dem Mehl zu einem guten Teig abgearbeitet. Von diesem formt man kleine, gleichmäßig große Krapferln, die man auf das beschmierte Backblech setzt. Mit Eiklar bestrichen, streut man die restlichen gehackten Mandeln darauf und drückt mit dem Finger in der Mitte jeden Krapferls ein kleines Loch, in welches ein wenig Marmelade getan wird. So bereitet, werden sie ins Rohr geschoben und gut gebacken. Vor dem Servieren kann man sie noch mit Staubzucker bestreuen.

139. VANILLESCHÜSSERLN

Man nehme:
25 dkg Butter
11 dkg Staubzucker
28 dkg Mehl
1 Ei
3 dkg Mandeln
1 Zitrone
Vanillezucker

Die Butter wird flaumig abgerührt, dann gibt man die feinstgehackte Schale einer halben Zitrone und die geriebenen Mandeln dazu. Nachdem noch der Zucker und das ganze Ei hinzugefügt wurden, kommt nach und nach unter ständigem Rühren das Mehl dazu. Der Teig muß sehr lange gerührt werden. Er wird dann auf dem bemehlten Brett messerrückendick ausgewalkt. Mit einem Krapfenstecher oder einem passenden Wasserglas sticht man kreisrunde Stücke aus dem Teig und drückt diese in gerippte Blechschüsserln, welche, auf das Backblech gestellt, im Rohr bei mittlerer Hitze gebacken werden. Diese Schüsserln können, mit vielerlei Cremes, Fruchtsalsen oder auch mit Schlagobers gefüllt, auf Tellern oder Aufsätzen angerichtet werden.

140. ANISSCHARTEN
Man nehme:
4 Eier
Staubzucker
Mehl
Anis

Die vier Eier werden mit gleich schwer Zucker im Schneekessel so lange gerührt, bis die Masse dick wird. Dann zieht man noch zwei Eier schwer Mehl darunter. Auf das gut gewachste Blech gibt man im passenden Abstand (der Teig verläuft reichlich) immer einen Kaffeelöffel dieser Masse und streut darauf etwas Anis. Nachdem die Scharten im Rohr gebacken worden sind, müssen sie noch heiß sehr flink über den Kochlöffel rund geformt werden.

Sie sollen gut verschlossen aufbewahrt werden, damit sie resch bleiben und nicht die Feuchtigkeit anziehen.

141. HASELNUSSSCHARTEN
Man nehme:
10 dkg Haselnüsse
17 dkg Staubzucker
3½ dkg Mehl
3 Eier
Obers

Die geriebenen Haselnüsse werden mit dem Mehl und dem Zucker vermischt. Man rührt dann soviel flüssiges Obers dazu, als notwendig ist, um einen dickflüssigen Teig zu erhalten. Unter diesen zieht man den steif geschlagenen Schnee von drei Eiklar.

Auf das mit Backwachs gefettete Blech werden mit dem Dressiersack ca. 6–8 cm lange Streifen aufgebracht, und zwar nicht zu eng, da die Scharten auseinanderlaufen. Im Rohr werden nun die Scharten goldgelb gebacken. Noch heiß werden sie über einen Kochlöffel gerollt und erkaltet wie Anisscharten aufbewahrt.

142. CARUSOSCHNITTEN
Man nehme:
14 dkg Butter
14 dkg Staubzucker
10 dkg Mandeln
10 dkg Schokolade
7 dkg Mehl
4 Eier

Zur Fülle:
Schlagobers und Vanillezucker

Die Butter wird mit vier Dottern gut abgetrieben, dann kommen die ungeschälten, geriebenen Mandeln, das Mehl und die geriebene Schokolade dazu. Später wird der Schnee von vier Eiklar untergemischt, die Masse gleichmäßig auf ein mit Butter gefettetes Backblech gestrichen und gebacken. Nach dem Erkalten schneidet man den Teig in gefällige Schnitten. Zwischen je zwei streicht man steif geschlagenes, mit Vanillezucker verrührtes Obers. Vor dem Servieren eine Zeitlang in den Kühlschrank tun.

143. MANDOLETTI
Man nehme:
⅛ l Honig
3 Eier
20 dkg Staubzucker
28 dkg Mandeln
Vanillezucker
Oblaten

Der Honig wird zu dicklicher Form gekocht. In den steifen Schnee von drei Eiklar wird langsam der Staubzucker untergerührt, etwas Vanillezucker beigefügt und die geschälten, grobgehackten Mandeln dazugetan. Diese Masse wird rasch mit dem kochenden Honig vermischt, kurz aufgekocht und zum Überkühlen vom Feuer genommen. Noch lau wird die Masse fingerdick auf große, viereckige Oblaten gestrichen und mit einer zweiten Oblate bedeckt. Nun glättet man die Mandoletti vorsichtig mit dem Nudelwalker.

Nach dem Erkalten schneidet man die Mandoletti in kleine, gleichmäßige Rechtecke.

144. VANILLEKIPFERLN

Man nehme:
21 dkg Butter
28 dkg Mehl
7 dkg Staubzucker
12 dkg Mandeln
Vanillezucker

Butter, Mehl, Staubzucker und die geriebenen Mandeln werden rasch zu einem mürben Teig abgearbeitet. Nachdem man ihn ein wenig rasten ließ, teilt man ihn in fünf gleiche Teile. Aus jedem von diesen rollt man eine daumendicke Walze, teilt diese wiederum mit dem Messer in gleichmäßige, fingerdicke Stücke, aus welchen man flink kleine Kipferln formt. Auf das gewachste Backblech gegeben, werden sie nicht zu heiß gebacken. Noch heiß, tut man sie vorsichtig in eine Schüssel voll mit Vanillezucker, in welcher man sie wendet. Dann kommen sie lageweise in eine Vorratsdose, dazwischen streut man immer wieder Vanillezucker, und bewahrt sie verschlossen zum Gebrauch auf. Sie werden immer besser!

145. PRESSBURGER STANGERLN

Man nehme:
8 dkg Mehl
24 dkg Staubzucker
8 dkg Butter
8 dkg Mandeln
8 dkg Vanillezucker
3 Eier
Zitronenschale, Muskatnuß
Marmelade

Auf dem Brett werden Mehl, Butter, 10 dkg Zucker und die feingeriebenen Mandeln, je eine Messerspitze geriebene Muskatnuß und Zitronenschale mit zwei Eidottern zu einem glatten Teig abgearbeitet, den man zugedeckt an einem kühlen Ort fest werden läßt. Dann walkt man ihn kleinfingerdick und schneidet ihn zu fingerlangen und daumenbreiten Streifen, welche nicht zu eng auf dem gebutterten Backblech ausgelegt werden. Mit verklopftem Ei bestrichen, werden sie ins Rohr geschoben und bei mittlerer Hitze blaßgelb gebacken. Man nimmt sie vom Blech und läßt sie auskühlen. Ist dies geschehen, bestreicht man sie mit heißer Marmelade und dressiert, wenn diese trocken ist, die mit 14 dkg Zucker und zwei Eiklar über Dunst steifgeschlagene Windmasse darüber. Man bestreut mit Staubzucker, tut die Stangerln wieder aufs Blech und läßt die Masse bei offenem, mildem Rohr ordentlich trocknen.

146. ZIMTSTERNE
Man nehme:
24 dkg Mehl
16 dkg Butter
20 dkg Staubzucker
2 Eier
1 Orange
1 bis 2 Nelken (gestoßen)
Zimt

Mehl, Butter, 10 dkg Zucker und zwei Dotter, die gestoßenen Nelken und eine Messerspitze Zimt werden zu einem glatten Teig abgewirkt. Dieser wird auf dem bemehlten Nudelbrett drei bis vier Millimeter dick ausgerollt und mit einer Sternform ausgestochen. Die Sterne werden auf dem ungefetteten Backblech ausgelegt, mit Zimteis (ein Eiweiß, 10 dkg Zucker, eine Prise Zimt) dick bestrichen und im mittelheißen Rohr gebacken.

147. LINZER KOLATSCHEN
Man nehme:
28 dkg Butter
5 Eier
14 dkg Staubzucker
28 dkg Mandeln
28 dkg Mehl
Marmelade

Nachdem man die Butter flaumig gerührt hat, werden der Staubzucker, ein ganzes Ei und vier Dotter untergemischt. Dann nach und nach die geriebenen Mandeln sowie das Mehl dazurühren und die Masse gut abarbeiten. Der Teig wird ausgewalkt, in Quadrate geschnitten, welche, zu Kolatschen gelegt, auf das gefettete Blech getan und mit Eiweiß bestrichen werden. Mit dem Finger drückt man in jede Kolatsche in der Mitte eine kleine Vertiefung, in welche nach dem Backen ein Löfferl beliebiger Marmelade kommt.

148. PISTAZIENBÄCKEREI
Man nehme:
12 dkg Pistazien
10 dkg Staubzucker
5 dkg Mehl
5 dkg Butter
5 Eier

Die geschälten Pistazien werden zuerst fein gemahlen und dann im Mörser mit fünf Dottern und dem Zucker feinst verrieben. Danach wird die Masse mit Mehl und Butter auf dem Nudelbrett zu einem glatten Teig verarbeitet, der dann auf dem mit Mehl bestaubten Brett messerrückendick ausgewalkt und in beliebigen Formen ausgestochen wird.

Auf das leicht gebutterte Backblech verteilt, mit Eiklar bestrichen und mit einer halben Pistazie belegt, wird die Bäckerei langsam goldgelb gebacken.

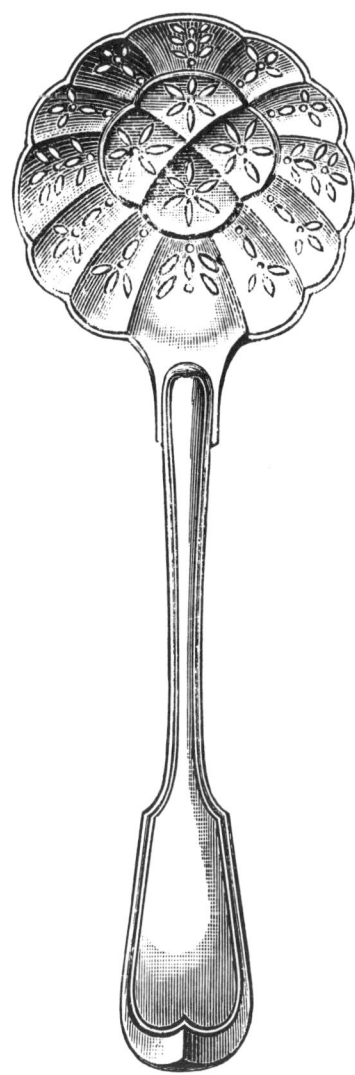

149. BUDAPESTER BÄCKEREI
Man nehme:
8 dkg Butter
8 dkg Staubzucker
4 Eier
12 dkg Mehl
Zimt, Muskatnuß, Nelke

Butter, Zucker, zwei Eidotter und ein ganzes Ei werden nach und nach verrührt, 12 dkg Mehl und je eine Messerspitze Zimt, geriebene Muskatnuß und eine gestoßene Nelke dazugeben und gut vermengen. Zugedeckt wird der Teig an einen sehr kühlen Ort gestellt. Ist er steif geworden, walkt man ihn auf einem mit Mehl bestaubten Brett zweimesserrückendick aus und sticht beliebige Formen aus, die auf ein mit Butter bestrichenes Backblech gelegt und mit zerklopftem Ei bestrichen werden. Bei mittlerer Hitze backen. Die Bäckereien werden noch heiß vom Blech genommen und zum Auskühlen auf ein Brett gelegt.

Man kann die einzelnen Kekse auch vor dem Backen mit halben Mandeln belegen.

150. VANILLESTANGERLN
Man nehme:
Vanillezucker
4 Eier
weißes Backpapier

Sechs Eßlöffel Vanillezucker werden mit vier Dottern eine halbe Stunde lang gerührt, dann faltet man je einen halben Bogen Papier immer einen Zentimeter breit zu einer Ziehharmonika. Diese zieht man auf dem Backblech auseinander, und in die Falten des Papiers läßt man jetzt immer einen Kaffeelöffel der Masse einlaufen. Im Rohr werden die Stangerln mehr getrocknet als gebacken. Sind sie fest genug, wird ganz einfach das Papier auseinandergezogen, die Stangerln lassen sich dann leicht abnehmen. Sie müssen bis zum Verbrauch in einer gut schließenden Dose trocken verwahrt werden.

151. SPITZBUBEN
Man nehme:
24 dkg Mehl
21 dkg Butter
11 dkg Staubzucker
2 Eier
Marmelade

Mehl, Butter, Zucker und zwei Dotter werden zu einem guten Mürbteig abgearbeitet und dieser nach kurzem Rasten auf dem bemehlten Nudelbrett messerrückendick ausgewalkt. Mit einem Krapfenstecher werden runde Teigstücke aus der Masse gestochen. In die eine Hälfte dieser Teigstücke sticht man mit einem Stamperl oder Fingerhut noch eine Öffnung. Auf dem gefetteten und gefehlten Backblech werden die Spitzbuben ins Rohr geschoben und schön goldgelb gebacken. Noch heiß wird jeweils ein ganzer Teil mit der aufgekochten Marmelade bestrichen und mit dem gelochten Teil belegt. Die Spitzbuben werden reichlich mit Staubzucker bestreut angerichtet.

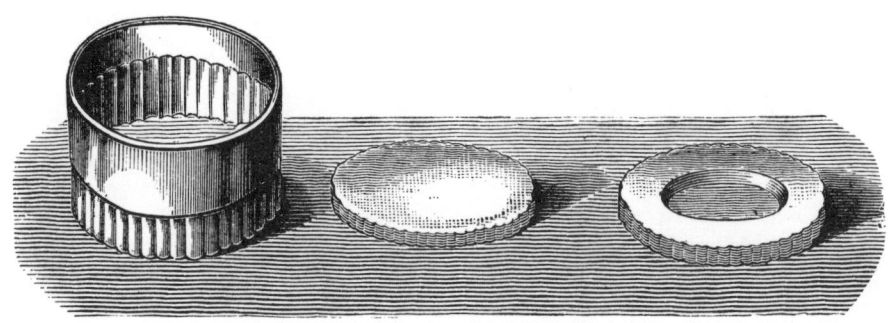

152. ROTHSCHILDBISKOTTEN

Man nehme:
5 Eier
12 dkg Staubzucker
12 dkg Mehl
6 dkg Mehl
10 dkg Pistazien
20 dkg Schokolade
7 dkg Butter

Vier Dotter werden mit 6 dkg Zucker dick-schaumig gerührt und dann mit dem Schnee von fünf Eiklar, der mit dem restlichen Staubzucker steif geschlagen wurde, vermischt. Dann zieht man das Mehl unter.

Auf das Backblech legt man 8 cm breite Papierstreifen, auf die man mit dem Spritzsack und einer glatten Dülle kleine, regelmäßige Biskotten dressiert. Diese werden vor dem Backen mit geschälten, geriebenen Mandeln bestreut und hellgelb gebacken.

Die Biskotten werden mit einem Messer vom Papier gelöst und mit der glatten Seite in Schokolade getaucht, die in einer Kasserolle mit Butter lau zerlassen und gut verrührt wurde. Mit der Schokoladenseite nach oben auf Papier zum Trocknen ausgelegt, werden sie noch rasch jeweils in der Mitte mit geschälten, gehackten Pistazien bestreut.

153. TRIENTER TORTELETTEN

Man nehme:
18 dkg Butter
20 dkg Vanillezucker
8 Eier
Mehl

Zum Belag:
14 dkg Zucker
7 dkg Mandeln
7 dkg Pistazien
7 dkg Zitronat
7 dkg Aranzini
Maraschino

Die Butter wird flaumig abgetrieben, der Vanillezucker untergerührt und dann der Schnee von acht Eiklar mit soviel Mehl beigegeben, wie es braucht, um einen festen Teig zu haben. Dieser wird auf dem bemehlten Brett kleinfingerdick ausgewalkt, mit einem Krapfenstecher ausgestochen, auf das vorbereitete Blech gesetzt und, mit verklopftem Dotter bestrichen, im Rohr blaßgelb gebacken.

In einer Kasserolle läßt man den Zucker zum Faden sieden, mischt dann rasch die feingestiftelten Mandeln und Pistazien sowie die nudelig geschnittenen, kandierten Früchte dazu, gießt noch einige Tropfen Maraschino in das Gemisch, von welchem man jetzt auf jedes Tortelett einen Kaffeelöffel voll setzt. Dann läßt man die Torteletten trocknen.

154. MÜRBE KEKSE

Man nehme:
35 dkg Mehl
30 dkg Butter
10 dkg Staubzucker
2 Eier
1 Zitrone
Zimt
10 dkg Mandeln
10 dkg Hagelzucker

Mehl, Butter und Zucker werden mit zwei Dottern, einer Prise Zimt und der abgeriebenen Schale einer halben Zitrone flink zu einem Teig abgearbeitet, der, wenn er fertig ist, im Eisschrank zwei Stunden rasten muß. Dann wird der Teig portionenweise zweimesserrückkendick auf dem bemehlten Brett ausgewalkt und mit beliebigen Formen ausgestochen. Auf dem gefetteten Blech ausgelegt, werden die Kekse mit Eiklar überstrichen, mit grobgehackten Mandeln und mit Hagelzucker bestreut und sodann im Rohr goldgelb gebacken.

155. ENNSSCHIFFERLN

Man nehme:
14 dkg Mandeln
14 dkg Butter
14 dkg Staubzucker
14 dkg Roggenmehl
2 Eier
Zimt, Nelken, Muskatnuß
Ribiselkonfitüre

Die Mandeln mit der Schale reiben; mit Butter, Zucker, Mehl, einer guten Messerspitze Zimt und einer Prise geriebenen Muskatnuß wird mit einem ganzen, hineingeschlagenen Ei ein Teig abgearbeitet. Diesen schneidet man dreimal kreuz und quer mit dem Messer durch und arbeitet ihn dann noch einmal gut zusammen. Dann läßt man ihn in einer Schüssel eine halbe Stunde kühl rasten. Nachdem man die Schifferlformen ausgeschmiert und gefeht hat, walkt man den Teig messerrückendick aus und schneidet passende Stückchen, die man in die Formen drückt. Den überstehenden Teig entfernt man mit einem scharfen Messer und füllt die Schifferln mit Ribiselkonfitüre. Aus dem gewalkten Teig schneidet man ½ cm breite Streifen, die man als Gitter über das Schiffchen legt, nachdem man vorher den Teig mit verklopftem Ei befeuchtet hat. Ist auch das Gitter bestrichen, kommen die Schifferln auf dem Blech ins heiße Rohr und werden dort schnell gebacken und vor dem Servieren noch überzuckert.

156. COGNACRINGERLN – ANNIES LIEBLINGE

Man nehme:
14 dkg Mehl
14 dkg Butter
14 dkg Mandeln
7 dkg Staubzucker
1 Ei
⅛ l Cognac
Zimt, 1 Zitrone

Man bröselt das Mehl mit der Butter ab, gibt den Zucker, die mit der Schale geriebenen Mandeln und ein Eidotter dazu, reibt die halbe Schale einer Zitrone ab und würzt mit einem Teelöffel Zimt. Zuletzt kommen noch zwei Löffel Cognac dazu. Man arbeitet den Teig rasch ab, walkt ihn einen halben Zentimeter dick aus und sticht daraus Ringerln, die, auf dem Blech ausgelegt, mit Cognac bestrichen und dick mit Staubzucker bestreut, im Rohr langsam gebacken werden.

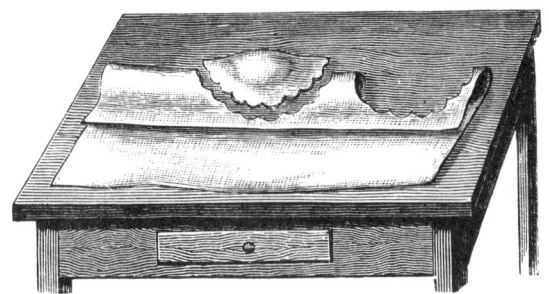

157. MAULTASCHEN

Man nehme:
28 dkg Mehl
22 dkg Butter
6 Eier
⅛ l Rahm
15 dkg Mandeln
14 dkg Staubzucker

Man bereite den Teig auf dem Nudelbrett, indem man das Mehl, 14 dkg Butter, zwei Dotter und nach Bedarf etwas Rahm ordentlich abarbeitet. Dann walkt man ihn aus und streicht die restlichen 8 dkg Butter darüber, legt den Teig mehrfach zusammen und läßt ihn rasten. Inzwischen bereitet man die Fülle aus den grobgeriebenen Mandeln, welche mit dem Zucker und drei Dottern ordentlich lange abgerührt wurden. Dann wird der Teig dünn ausgewalkt und mit der Fülle bestrichen. Ist dies getan, schneidet man den Teig in gleich große Quadrate, legt jeweils zwei, Fülle auf Fülle, aufeinander, bestreicht die Maultaschen mit verklopftem Ei und bäckt sie auf dem gefetteten Backblech goldgelb.

158. KARTENBLÄTTER
Man nehme:
28 dkg Staubzucker
28 dkg Mehl
7 dkg Butter
3 Eier
Zimt, Nelken, Mandeln

Auf dem Nudelbrett werden der Zucker, das Mehl und die Butter abgebröselt. Dabei kommt eine Prise Zimt und gemahlene Nelken hinzu. Dann werden zwei ganze Eier untergemischt und alles gut abgearbeitet. Fertig, wird der Teig messerrückenstark in spielkartengroße Rechtecke geschnitten, diese auf dem Backblech verteilt, mit verklopftem Ei bestrichen, mit halben Mandeln belegt, so daß sie wie As, Zweier, Dreier usw. aussehen, und im Rohr hellgelb gebacken.

159. MANDELBÄCKEREI
Man nehme:
60 dkg Staubzucker
30 dkg Mandeln
4 Eier
1 Zitrone

30 dkg Staubzucker werden mit den geriebenen Mandeln und vier Dottern am Brett zu einem Teig abgearbeitet. Dieser wird dann ¼ cm hoch ausgewalkt und in vielerlei Formen ausgestochen. Oben auf die Kekse kommt eine Masse, die man aus zwei Eiklar und dem Saft einer ganzen Zitrone und soviel Zucker, wie nötig ist, so lange gerührt hat, bis sie richtig dick ist. Man trägt diese Glasur mit dem Pinsel auf und läßt dabei einen kleinen Teigrand frei. Die so vorbereiteten Bäckereien werden dann auf ein gefettetes, gemehltes Blech gesetzt und im Rohr ca. 10 bis 15 Minuten bei mittlerer Hitze gebacken.

160. POTTENBRUNNER SCHNITTEN
Man nehme:
28 dkg Staubzucker
10 Eier
28 dkg Mandeln
Kristallzucker
Marillenmarmelade

Der Staubzucker wird mit vier ganzen Eiern und sechs Dottern eine halbe Stunde lang abgetrieben. Dann gibt man die stiftelig geschnittenen Mandeln dazu und mischt alles gut ab. Die Masse wird in zwei Hälften geteilt und je auf ein gewachstes Blech gestrichen. Die eine Hälfte wird mit Kristallzucker bestreut. Im Rohr werden die beiden Blätter gebacken, die andere Hälfte wird mit Marmelade bestrichen. Die gezuckerte Seite nach oben, werden die beiden Teile aufeinandergelegt. Dann schneidet man mit dem Messer schmale, passende Schnitten.

161. WIENER TASCHERLN

Man nehme:
56 dkg Mehl
56 dkg Staubzucker
37 dkg Butter
Brösel, Mandeln
4 Eier
Ribiselkonfitüre
Hagelzucker

Butter, Mehl und Zucker werden mit einer Handvoll Brösel und geriebenen Mandeln unter Beimischung von vier Dottern auf dem Brett gut abgearbeitet. Dieser Teig soll eine halbe Stunde kalt rasten, dann wird er zweimesserrückendick ausgewalkt. Man sticht runde Tascherln aus, welche mit einem Löffel Ribiselkonfitüre gefüllt und zusammengelegt werden. Die Ränder, die man mit Eiklar bestrichen hat, werden gut verschlossen. Auf dem vorbereiteten, geschmierten und gefehten Backblech werden die Tascherln ausgelegt, mit Eiklar bestrichen und mit Hagelzucker bestreut. Bei mittlerer Hitze werden die Tascherln im Rohr gebacken.

162. ISCHLER TORTELETTS

Man nehme:
10 dkg Staubzucker
10 dkg Butter
10 dkg Schokolade
10 dkg Mandeln
3 dkg Mehl
5 Eier
Marillenmarmelade

Die Butter wird flaumig abgetrieben, dann der Zucker beigegeben. Man fügt die erweichte Schokolade und fünf Dotter hinzu und rührt noch 10 Minuten weiter. Der Schnee von fünf Eiklar mit den mit der Schale geriebenen Mandeln und dem Mehl werden leicht untergemischt. Diese Masse wird auf dem geschmierten, bestaubten Blech fingerdick aufgestrichen und bei mittlerer Hitze gebacken. Aus der Kuchenplatte sticht man sparsam runde Formen, von denen man immer zwei, mit Marillenmarmelade gefüllt, aufeinanderlegt und mit Schokoladeglasur überzieht.

163. REICHENAUER ZWIEBACK

Man nehme:
28 dkg Staubzucker
28 dkg Mehl
6 Eier
Anis

Der Staubzucker wird mit sechs ganzen Eiern eine halbe Stunde lang gerührt, dann kommen das Mehl und ein Kaffeelöffel Anis dazu. Gut gemischt, kommt die Masse in die geschmierte, gefehte Form und wird im Rohr gebacken. Nach dem Auskühlen aus dem Wandel genommen, wird der Zwieback in kleinfingerstarke Schnitten geteilt, die im Rohr übertrocknet werden. Mit Staubzucker bestreut, bewahrt man den Reichenauer Zwieback in der Dose trocken auf.

164. BOZENER HERZERLN
Man nehme:
14 dkg Butter
14 dkg Mehl
7 dkg Staubzucker
3 Eier
Zitrone

Butter, Mehl, Zucker und zwei Dotter werden rasch auf dem Brett, nachdem man noch etwas geriebene Zitronenschale dazugegeben hat, zu einem gut mürben Teig abgearbeitet. Der Teig wird dann auf dem bemehlten Brett ¼ cm dick ausgewalkt und mit dem Herzerlstecher ausgestochen. Mit einem verklopften Ei bestrichen, auf das geschmierte, gefette Blech gebracht, bäckt man die Herzerln schön gelb. Man überzieht sie nach dem Auskühlen mit rotem Eis (siehe Seite 139).

165. CHAMOISSTANGERLN
Man nehme:
21 dkg Staubzucker
6 Eier
21 dkg Mehl
21 dkg Butter
Marmelade

Der Staubzucker und sechs Dotter werden flaumig abgetrieben, dann mit dem Schnee von sechs Eiklar und dem Mehl sowie der zerlassenen, ausgekühlten Butter gut vermischt. Diese Masse wird auf einem gefetteten, gemehlten Blech gleichmäßig verstrichen und im Rohr goldgelb gebacken. Nach dem Auskühlen teilt man den Teig in zwei gleiche Teile, die, mit Marmelade gefüllt, aufeinandergelegt werden. Von diesem Streifen schneidet man nun die fingerbreiten Stangerln, welche gut gezuckert werden, ab.

166. PRAGER STANGERLN
Man nehme:
21 dkg Mandeln
9 dkg Staubzucker
5 Eier
Vanillezucker
Oblaten

Die geriebenen Mandeln werden im Mörser mit dem Staubzucker und drei Eiklar fein gestoßen. Diese Masse wird auf dem gestaubten Brett messerrückendick ausgewalkt. Darüber streicht man zwei Eiklar, welche mit fünf Eßlöffeln Vanillezucker flaumig abgerührt wurden. Jetzt läßt man die Masse eine Stunde lang auf dem Brett trocknen, schneidet sie dann in fingerlange Streifen, welche, auf Oblaten gegeben, im Rohr kühl überbacken werden.

167. DAMENKAPRIZEN
Man nehme:
14 dkg Butter
11 dkg Staubzucker
4 dkg Mandeln
21 dkg Mehl
2 Eier
Marillenmarmelade

Butter, Zucker, die geriebenen Mandeln und das Mehl werden auf dem Brett mit zwei Dottern zu einem geschmeidigen Teig abgearbeitet, der dreimesserrückendick ausgewalkt und mit runden Formen ausgestochen wird. Die Scheiben werden auf das geschmierte, bemehlte Blech gelegt und zu schöner heller Farbe gebacken. Ausgekühlt, werden immer je zwei mit Marillenmarmelade bestrichen und zusammengesetzt. Reichlich mit Staubzucker bestreut, werden sie angerichtet.

168. MERANER SCHNITTEN
Man nehme:
14 dkg Vanillezucker
12 Eier
14 dkg Nüsse
7 dkg Semmelbrösel

Zur Creme:
2 dl Obers
4 Eier
Vanillezucker
7 dkg Maroni
glattes Mehl

Der Zucker wird mit zwölf Dottern schaumig gerührt, die feingeriebenen Nüsse und die Brösel beigegeben und der Schnee von sechs Eiklar leicht untergezogen. Diese Masse wird auf einem Backblech gleichmäßig verteilt, im Rohr schön hellgelb gebacken, in vier gleich große Teile geschnitten und dreimal gefüllt.

Zur Fülle rührt man das Obers mit drei Löffeln Vanillezucker, vier Dottern und einem Kaffeelöffel Mehl über Dunst, bis die Creme dick ist. Ausgekühlt, rührt man die ohne Schale gewogenen 7 dkg gebratenen oder gekochten, passierten Maroni unter. Die fertigen Schnitten werden mit Staubzucker bestreut angerichtet.

127

169. ANISWÜRSTCHEN
Man nehme:
14 dkg Staubzucker
14 dkg Mandeln
14 dkg Mehl
3 Eier
Anislikör
Anis

170. ZIGARREN
Man nehme:
14 dkg Staubzucker
14 dkg Biskottenbrösel
14 dkg Mehl
3 Eier
Zimt

Aus den geriebenen Mandeln, dem Zucker, dem Mehl und drei Dottern sowie einem Stamperl Anislikör arbeitet man auf dem Brett einen schönen Teig ab. Man teilt ihn in gleiche Teile, aus welchen man kleinfingergroße Würstchen formt, die man auf das gewachste Backblech verteilt, mit Eiklar bestreicht und mit süßem Anis bestreut.

Die Würstchen werden langsam im Rohr gebacken und sollen, in eine Dose gefüllt, vor dem Verzehr ein bis zwei Tage liegenbleiben.

Man verschlägt drei Eier, gibt eine Mokkatasse voll davon auf die Seite und mischt dann den Rest mit Mehl, Zucker und Bröseln zu einem mittelfesten Teig. Wenn er gut abgearbeitet ist, wird er zu mohnnudelgroßen „Zigarren" geformt.

Auf dem gefetteten, gemehlten Blech ausgelegt, werden diese mit dem aufbewahrten Ei bestrichen, mit Zucker und Zimt bestreut und bei mittlerer Hitze im Rohr gebacken.

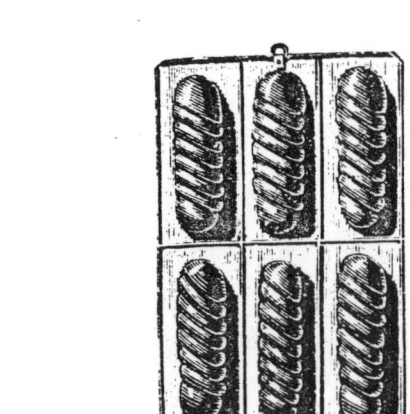

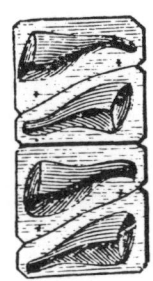

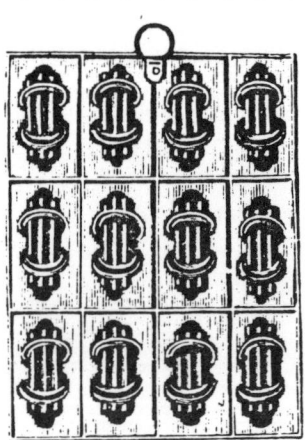

Zum Weihnachten unserer Familie gehörten, wie der grüne Baum, die vielen kleinen Köstlichkeiten, welche Sie in den vorangegangenen Rezepten kennenlernten, immer auch Lebzelten und Springerle. Und so lange sich meine Nase erinnern kann, zogen in der Vorweihnachtszeit die Düfte von heißem Honig, den starken, eigenartigen Gewürzen, unter die sich der strenge Geruch von Hirschhornsalz, Ammonium oder Pottasche mischte, aus der Küche bis ins Kinderzimmer. Als ich dann, schon etwas größer geworden, in der Weihnachtszeit mithelfen durfte, gab es nichts Schöneres als Lebzelten auszustechen und zu verzieren. Der Onkel Fritz war da mein großer Lehrmeister. Der gebackene Teig bedeutete ihm nur soviel wie einem Maler die Leinwand. Erst von seiner Hand verziert wurden aus den einfachen Lebzelten kleine bunte Kunstwerke. Dazu bereitete er immer eine genügende Menge weißes Zuckereis, von diesem wiederum mischte er jeweils ein paar Löffel mit aus der Apotheke besorgten giftfreien Speisefarben in einem Häferl. Gelb, grün, rot, blau, orange, braun – seine Palette war bunt und grell wie die Kopftücher böhmischer Köchinnen. Dieses gefärbte Zuckereis wurde nun löffelweise in kleine, festgedrehte Stanitzel aus sauberem Papier getan und selbige durch drei- bis viermaliges Einschlagen oben verschlossen. Ein kurzer Schnitt mit der Küchenschere machte die nötige Öffnung nach unten frei, und je nach Bedarf konnte nun ein verschieden starker Strang Zuckereis behutsam herausgedrückt und damit die hübschesten Muster auf den Lebkuchen aufgebracht werden. Dazu gab es auch noch die im Zuckerlgeschäft besorgten winzigen versilberten und vergoldeten Kugerln, welche Perlen gleich aufgesetzt wurden. Wer diese Prachtstücke vor sich sah, meinte sicherlich, es sei

nicht vorstellbar, daß diese Kunstwerke einmal von einem gierigen Mund zerstört werden könnten. Aber Onkel Fritzens Zuckermalereimusen mögen es verzeihen, keiner der Lebkuchen, so bunt und schön er auch war, überlebte in unserem Haus die Heiligen Drei Könige.

Aber versuchen Sie selbst sich einmal in der Kunst des bunten Lebkuchenmalens! Es macht viel Freude, und mit der Übung wird man Meister. Von einem richtigen Lebzeltermeister hatte auch Onkel Fritz diese Kunst gelernt. Der Nennonkel Andrász in Neusiedl am See, zu Kaisers Zeiten in Westungarn, heute im Burgenland gelegen, war der Letzte einer viele Generationen langen Reihe von Lebzeltern und Wachsziehern. Er hatte seinen alten erlernten Beruf in den schlechten dreißiger Jahren gewechselt und war Gemüsegärtner geworden. Aber er erzählte noch gern von den schönen Zeiten des blühenden Handwerks. Als jedes Jahr der ganze langgestreckte Hof gegen Ende des Sommers verstellt war mit Reihen von mannshohen Fässern voll des wilden Honigs, den die Zeidler aus ungarischen und rumänischen Wäldern gebracht hatten . . . eine große Verlockung für kleine Buben, diese zentnerweise Süßigkeit! Einmal hätte sie dem kleinen Andrász beinahe das Leben gekostet – ja! So erzählt er es:

„Da waren die Fasseln mit dem Honig, zugedeckt mit dünne Bretter, und wie wir so drauf herumgekrochen sind zum Naschen, bin ich auf einmal eingebrochen und mitten drin gesteckt im Honig. Heraus hab ich mir nicht mehr helfen können, und die lieben Freund hat der Schreck gepackt, und alle sind auf und davon . . . Schreien hab ich mich auch nicht getraut, weil's ja verboten war, an die Fasseln zu gehen . . . So war ich schon recht verzweifelt, wie ich so sink und

131

sink. Aber zum Glück ist es dem Herrn Vater in der Werkstatt aufgefallen, daß es auf einmal so still war im Hof; und so still bedeutet nie etwas Gutes bei Kinder, war seine Rede. Da hat er in den Hof herausgeschaut, der leer war: kein Kind weit und breit, und auch sein Kleinster, der Andrász, nicht. Wie ich den Vater gesehen hab, hab ich mich aber nicht mehr halten können und laut zu weinen angefangt. Das hat er, Gott sei Dank, gehört und mich im letzten Augenblick noch herausgezogen. Gleich hauen hat er mich ja nicht können, weil ich doch über und über mit Honig voll war, so hat er mich vorläufig in die Sonne gestellt und stehenlassen. Wie ich da so honigtriefend und weinend dagestanden bin, hat auf einmal einer nach dem anderen von denen, die mich vorhin im Stich gelassen haben, den Kopf beim Türl hereingesteckt und ist dann schnell hereingeschlichen und hat begonnen, den Honig von mir abzuschlecken. Immer mehr Kinder sind es geworden: es muß einer im Ort weitergesagt haben, daß es da Honig gibt! Und alle haben sie mich abgeputzt und abgekratzt und abgeschleckt. Und wie der Vater wieder in den Hof gekommen ist, bin ich dagestanden: völlig rein!"

132

Erprobte Lebkuchen, welche einfach zu bereiten und gut aufzubewahren sind

✳✳✳✳✳✳✳✳✳✳✳✳✳✳✳

171. PESTER ZELTELN
Man nehme:
50 dkg Honig
25 dkg Zucker
50 dkg Mandeln
12½ dkg Zitronat
12½ dkg Aranzini
60 dkg Mehl
1 dkg Hirschhornsalz
Nelken
Salz

Honig und Zucker werden aufgekocht. In die Flüssigkeit kommen dann die grobgestoßenen Mandeln, die kleingeschnittenen Aranzini und das kleingeschnittene Zitronat, Zimt, ein wenig zerstoßene Nelken, eine Prise Salz und das Mehl sowie das Hirschhornsalz, das in wenig Wasser aufgelöst wurde. Der lauwarme Teig wird lange und gut durchgeknetet. Nachdem er 24 Stunden gerastet hat, walkt man ihn ½ cm dick aus und schneidet ihn zu gleichmäßigen Zelteln (Rhomben). Auf einem gefetteten, bemehlten Blech ausgelegt, werden die Lebkuchen im sehr heißen Rohr braun gebacken. Vom Blech genommen, werden sie noch warm mit Zitroneneis überzogen.

✳✳✳✳✳✳✳✳✳✳✳✳✳✳✳✳✳✳✳✳✳✳✳✳✳✳✳✳✳

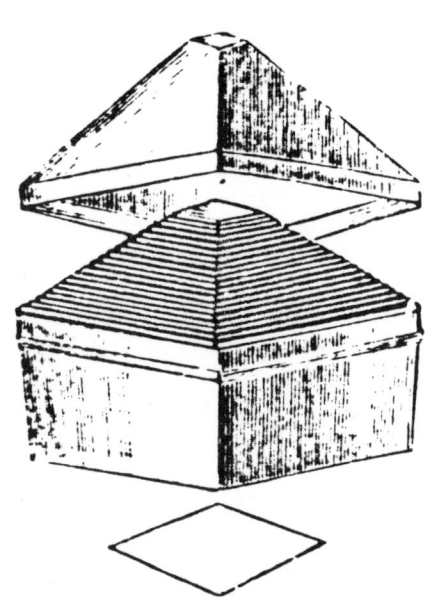

172. EINFACHE LEBZELTEN
Man nehme:
30 dkg Mehl
15 dkg Staubzucker
25 dkg Honig
1 Zitrone
2–3 gestoßene Nelken
Zimt
Hagelzucker, Milch

Mehl, Zucker, Honig, die Nelken, zwei Messerspitzen Zimt und die abgeriebene Schale einer Zitrone werden auf dem Brett zu einem geschmeidigen Teig verarbeitet. Diesen dann an einem warmen Platz eine Dreiviertelstunde rasten lassen, hierauf dünn auswalken und zu Herzen, Sternen oder anderen Formen ausstechen. Die Lebzelten werden mit Milch bestrichen und mit Hagelzucker bestreut. Auf dem Backblech, welches mit Backwachs gefettet und mit Mehl gestaubt wurde, legt man die Lebzelten aus und bäckt sie sehr langsam.

✳✳✳✳✳✳✳✳✳✳✳✳✳✳

173. BRAUNER LEBKUCHEN

Man nehme:
1 kg Honig
50 dkg Mandeln
50 dkg Roggenmehl
18 g Zimt
18 g Nelken
18 g Ingwer
7 g Aranzini
Kardamom
Muskatnuß
weißer Pfeffer
1 dkg Pottasche
Slibowitz

Man kocht den Honig dicklich ein, gibt die mit den Schalen geriebenen Mandeln, die Gewürze (von Kardamom, Muskat und weißem Pfeffer nur ein bis zwei Messerspitzen) und die Pottasche, welche man in einem Stamperl Slibowitz aufgelöst hat, sowie das dunkle Mehl dazu und arbeitet alles zu einem lockeren Teig ab. Diesen läßt man an einem warmen Platz aufgehen und danach 24 Stunden kühl rasten.

Der Teig wird vor dem Backen fingerdick ausgewalkt, zu spielkartengroßen Rechtecken geschnitten und so auf das gefettete, bemehlte Blech gelegt. Die Lebkuchen werden bei mittlerer Hitze schön braun gebacken und danach beliebig beeist, geglänzt oder bemalt.

✳✳✳✳✳✳✳✳✳✳✳✳✳✳✳✳✳✳✳✳✳✳✳✳✳✳✳✳✳✳✳✳✳✳✳

174. TANTE ANNIES LEBKUCHEN

Man nehme:
40 dkg Honig
90 dkg Mehl
40 dkg Staubzucker
1 Ei
1 Zitrone
1 Orange
Zimt
Neugewürz
Mandeln
2 dkg Ammonium
2 dkg Pottasche

Honig und zwei Deziliter Wasser werden lauwarm erhitzt und verrührt. Dann gibt man Mehl, Zucker und ein halbes Ei in die Flüssigkeit, dazu die abgeriebene Schale je einer Zitrone und Orange und zur Würzung je einen Teelöffel gestoßenen Zimt und Neugewürz. Man arbeitet den Teig gut ab und gibt erst, bis er kühl ist, den Backtrieb (Ammonium und Pottaschepulver) in die Masse und knetet diese noch so lange, bis der Teig fest und glänzend ist. Man gibt ihn in eine passende Schüssel, deckt ihn mit einem Hangerl zu und bringt ihn an einen kühlen Ort, wo er mindestens 24 Stunden ruhen muß.

Vor dem Backen knetet man den Teig noch einmal gut durch, dann wird er auf dem Nudelbrett dünn ausgewalkt und mit beliebigen Formen ausgestochen, mit verschlagenem Ei bestrichen, mit geschälten, halbierten Mandeln zierlich belegt und auf dem leicht gefetteten, gestaubten Blech bei mittlerer Hitze gebacken. Die fertigen Lebkuchen sind erst nach zwei Tagen richtig weich und gut.

✳✳✳✳✳✳✳✳✳✳✳✳✳✳✳✳

✳✳✳✳✳✳✳✳✳✳✳✳✳✳ ✳✳✳✳✳✳✳✳✳✳✳✳✳✳✳

175. GEWÜRZZELTEN
Man nehme:
25 dkg Mehl
40 dkg Staubzucker
1 dkg Zimtpulver
3 Eier
Nelken
1 Zitrone

176. KLEINE LEBZELTEN
Man nehme:
5 dkg Butter
14 dkg Staubzucker
1 dkg Zimtpulver
10 dkg Mandeln
14 dkg Mehl
2 Eier
1 Zitrone
Nelken

✳✳✳✳✳✳✳✳✳✳✳✳✳✳ ✳✳✳✳✳✳✳✳✳✳✳✳✳✳✳

Auf das Nudelbrett gibt man das Mehl, den Zucker, fügt das Zimtpulver und drei bis vier gestoßene Nelken sowie die geriebene Schale einer halben Zitrone dazu und mischt das Ganze unter Zugabe von drei Dottern und dem steifgeschlagenen Schnee von drei Eiklar zu einem geschmeidigen Teig ab, den man über Nacht an einem kühlen Ort rasten läßt. Am nächsten Tag walkt man den Teig zweimesserrückendick aus, schneidet ihn in daumenbreite, fingerlange Stücke, welche, auf das gewachste Backblech ausgelegt, im Rohr gebacken werden. Noch warm überzieht man die Zelten mit Zimteis. Dazu rührt man das vom Vortag aufgehobene Eiklar mit soviel Staubzucker, wie es nur aufnimmt, ab. Sollte die Masse zu dick geraten, gibt man tropfenweise Wasser dazu, zuletzt würzt man mit einer Prise Zimt. Die bestrichenen Zelten sollen gut abtrocknen und können dann in passenden Dosen auch länger aufbewahrt werden.

Die Butter wird gut abgetrieben, dann gibt man den Zucker, den gemahlenen Zimt, zwei bis drei gestoßene Nelken, 2 dkg mit der Schale geriebene Mandeln, ein ganzes Ei und die abgeriebene Schale einer halben Zitrone dazu. Man treibt alles recht gut ab und tut zuletzt das Mehl darunter, arbeitet den Teig auf dem bemehlten Nudelbrett ab, walkt ihn zweimesserrückendick aus, schneidet daraus längliche Vierecke von halber Spielkartengröße und legt diese auf ein mit Backwachs bestrichenes Blech. Die Lebkuchen werden mit verschlagenem Ei bestrichen und mit Mandelstücken zierlich belegt. Man läßt die Zelten langsam im Rohr backen. Dieser Teig kann zur Weihnachtszeit auch gut mit Blechformen ausgestochen werden. Man ziert sie dann ebenfalls beliebig mit Mandelhälften und kandierten Fruchthälften.

✳✳✳✳✳✳✳✳✳✳✳✳✳✳ ✳✳✳✳✳✳✳✳✳✳✳✳✳✳✳

✳✳✳✳✳✳✳✳✳✳✳✳✳✳

177. NEUSIEDLER WEISSER LEBKUCHEN

Man nehme:
25 dkg Staubzucker
20 dkg Mandeln
6 Eier
1 Zitrone
Nelken
Muskatnuß
Kardamom

✳✳✳✳✳✳✳✳✳✳✳✳✳✳

178. HONIGSPRINGERLE

Man nehme:
²⁄₁₀ l Honig
14 dkg Zucker
50 g Zimt
50 g Nelken
1 Zitrone
Roggenmehl
Rum

✳✳✳✳✳✳✳✳✳✳✳✳✳✳

Der Zucker wird mit den Eiern schaumig gerührt. 12 dkg geschälte, grobgeriebene Mandeln, je ein bis zwei Messerspitzen der feingestoßenen Gewürze sowie die abgeriebene Schale einer halben Zitrone werden untergemischt.

Die Masse wird auf einem Randblech, auf welchem man weißes Papier ausgelegt und an den Rändern hochgefaltet hat, gleichmäßig verteilt.

Mit verquirltem Ei bestrichen und den restlichen grobgehackten Mandeln bestreut, wird der Lebkuchen langsam gebacken. Noch warm wird er in gefällige Stücke geschnitten, mit dem Papier vom Blech gehoben und erkaltet von diesem abgenommen.

Die Neusiedler werden erst nach zwei bis drei Tagen weich.

Der Honig wird kurz aufgekocht, die Gewürze, die abgeriebene Schale und der Saft einer Zitrone sowie zwei Eßlöffel Rum werden hinzugefügt. Wenn die Mischung ausgekühlt ist, gibt man soviel Roggenmehl dazu, als notwendig ist, um einen zähen Teig zu erhalten. Dieser darf aber nur hin und her und ja nicht im Kreis gerührt werden!

Auf dem Brett wird er zuletzt glatt abgearbeitet und über Nacht rasten gelassen. Am nächsten Tag kann man den Teig zweimesserrückendick auswalken und mit beliebigen Formen ausstechen. Auf dem gefetteten, bemehlten Blech ausgelegt, werden die Honigspringerle langsam bei kleinster Hitze gebacken. Nach dem Backen können sie beliebig beeist und verziert werden.

Dieser Teig eignet sich auch zum Aus-der-Model-Schlagen!

179. MANDELSPRINGERLE
Man nehme:
28 dkg Staubzucker
28 dkg Mehl
2 Eier
1 Zitrone
Reismehl
Anis
Pottasche

✳✳✳✳✳✳✳✳✳✳✳✳✳✳

Die Eier werden mit dem Zucker sehr lange schaumig gerührt. Dann werden das Abgeriebene sowie der Saft einer Zitrone, eine Messerspitze Pottasche und das Mehl dazugetan und zu einem schönen, glatten, genügend festen Teig abgearbeitet.

Auf dem Brett wird der Teig ½ cm hoch ausgewalkt und in passende Stücke geschnitten. Diese werden mit Reismehl bestaubt, mit der bestaubten Seite auf die Model gelegt und mit den Händen gut eingedrückt. Der überflüssige Teig wird die Model entlang weggeschnitten. Die gemodelten Springerle kommen auf das gewachste, mit Anis bestreute Backblech, wo sie 12 Stunden bleiben und erst dann bei mäßiger Hitze sehr blaß gebacken werden.

Es ist darauf zu achten, daß die Springerle schön gleichmäßig steigen und „Füßchen" bekommen. Die über Nacht getrocknete Oberseite bewahrt auch beim Backen genau das Modelbild.

✳✳✳✳✳✳✳✳✳✳✳✳✳✳✳✳✳✳✳✳✳✳✳✳✳✳✳✳✳✳✳✳

✳✳✳✳✳✳✳✳✳✳✳✳✳✳✳✳✳✳✳✳✳✳✳✳✳✳✳✳✳✳✳✳✳

180. NIKOLOBUSSERLN
Man nehme:
25 dkg Staubzucker
3 Eier
25 dkg Mehl
3 dkg Zitronat
Zimt
Nelken
Pfeffer
Pottasche

Der Zucker wird mit einem ganzen Ei, zwei Dottern und zwei Messerspitzen Pottasche dickschaumig gerührt und dann mit dem feingehackten Zitronat, den Gewürzen (je ein bis zwei Messerspitzen) sowie dem Mehl zum Teig abgearbeitet. Man walkt diesen auf dem bemehlten Brett fingerdick aus und schneidet ihn in 3–4 cm große Vierecke. Aus diesen Teigstücken formt man Kugerln, welche man in entsprechendem Abstand auf das gewachste Backblech setzt. Die Nikolobusserln werden im Rohr langsam gebacken und dann mit Zuckereis überzogen.

Ein wenig Zuckereis, mit roter Speisefarbe verrührt, auf die Busserln gepinselt, macht aus den Nikolobusserln Krampusbusserln, die, unter die weißen Busserln gemischt, den Kindern viel Spaß bereiten.

✳✳✳✳✳✳✳✳✳✳✳✳✳✳✳✳✳✳✳✳✳✳✳✳✳✳✳✳✳✳✳✳✳

An einem Buch, und sei es nur ein Kochbuch, ist aller Anfang schwer. Das Allerschwerste ist jedoch das Ende. Aufhören sollte man, heißt es, wenn es am Besten schmeckt. Aber vom Onkel Andrász möchte ich Ihnen doch noch einmal erzählen: auf diese Geschichte haben Sie hoffentlich noch Appetit!

Er und sein Vater und die Brüder sind damals vor 1914 weithin über das Land zu den Kirtagen gefahren. Wenn es gar ein Wallfahrtsort war, konnte mit gutem Verkauf gerechnet werden. So wurden die Kisten vollgepackt, auf den Wagen gebunden, die Metfässer versorgt, die Säcke mit Pferdefutter nicht vergessen, und alles für den Stand – Tisch, Zargen, Stangen und Plachen – wohl verstaut. Der Vater am Kutschbock, neben sich den ältesten Sohn, dahinter, in dicke Decken gepackt, die anderen Mitfahrer. Vorne am Wagen hingen dicke Bündel voll alter, mit Pech getränkter Fetzen. Sie wurden angezündet und unter die Wölfe geschleudert, wenn diese versuchten, das Gefährt anzugreifen. Die Nacht über war man ostwärts unterwegs, und noch bei Mondschein wurde der Stand auf dem ihm seit Menschengedenken zustehenden Platz vor der Kirche aufgebaut. Unter den Tisch wurden Decken gebreitet und die Plane so weit heruntergelassen, daß alle unter diesem für kurze Zeit ein Nachtlager finden konnten. So warteten die Marktfahrer, die Rosenkranzhändler, Schuhmacher, Stoffhändler und wer da noch aller hergezogen war, um zu verkaufen, auf die ersten grauen Morgenstunden, an denen das Kirtagtreiben dann richtig seinen Anfang nahm.

So geschah es auch am Annenkirtag in Gattendorf.

Der Nachbar, der immer den Stand neben dem Lebzelter hatte, der Bibeldrucker Horvath, auch aus Neusiedl, der die Heilige Schrift in kroatischer, serbischer, slowenischer und allen anderen Sprachen des großen Reiches druckte, war noch nicht angekommen. Sein Platz aber blieb reserviert und wartete auf ihn. Andrász und sein Vater wurden zugleich munter, als jemand sich mitten in der Nacht an der Zeltplane zu schaffen machte und diese aufschlug. Es war der Bibel-Horvath, der ihre kurze Ruhe störte. „Warum so früh auf, Herr Nachbar?" brummte der Lebzelter verschlafen. „Krieg wird's geben, sie machen schon mobil!" war die Antwort. Und zwei Tage später schrieb man den 28. Juli 1914.

Als die Lebzelter-Familie Gräftner heimzog, begegneten ihr auf allen Straßen schon einrückende Soldaten. Es war das der letzte Kirtag, zu dem der kleine Andrász fuhr. Vier Jahre noch – dann war der große k. u. k.-Himmel eingestürzt, und übrig blieb das neue

kleine Österreich. Das Erzherzogtum Ob und Unter
der Enns, das Herzogtum Salzburg, Steiermark und
Kärnten, die Gefürstete Grafschaft Tirol mit Vorarl-
berg wurden zum Teil stark gestutzt, zu Bundeslän-
dern, später fiel dann noch ein Teil Westungarns
durch freie Wahl zur Republik, und von Kaisers
Zeiten blieben nur noch Erinnerungen. Und bitte
nicht zu vergessen der auch in die junge republikani-
sche Demokratie mittels bürokratischer Feinheiten
gerettete Titel des „Hofrats" mit der Steigerungsstufe
des „Wirklichen Hofrats", und dann auch noch, uns
zur Freude, die vielen Rezepte aus der guten alten
Zeit, welche sich der Autor bemüht hat, für Sie zu
sichten, zu probieren und Ihnen zum Nachkochen
anzubieten.

Erlauben Sie mir zum allerletzten Ende, wie zu
Beginn des Buches, noch einmal meinen berühmten
Kollegen F. G. Zenker zu zitieren:

Es bleibt also nichts weiter übrig, um den
Zweck, nützlich zu seyn, ganz zu erreichen, als die
fernere Bekanntmachung dieses Buches. Daher em-
pfiehlt man es allen Liebhabern der Kochkunst, und
besonders dem schönen Geschlechte, zur geneigten Aufnahme, und wünscht recht sehr, daß alle diejenigen,
denen dieses Buch in die Hände kommt, solches be-
stens zu empfehlen die Güte haben möchten. Alle,
die daraus Nutzen ziehen, werden denselben für diese
gefällige Mittheilung innig danken.

Uebrigens ist man mit der bisherigen gütigen
Aufnahme zufrieden, und glaubt seinen Zweck durch
die gemachten Zusätze erreicht zu haben, wenn selbe
die erwünschten Früchte verschaffen; so wie man
gewiß versichert ist, daß das Buch sein eigener und
bester Lobredner seyn wird.

Glossarium

Backwachs	reines Bienenwachs	Laberl	
Beugel	gefülltes Hörnchen	= Laiberl	Laibchen
Billett	Glückwünschkärtchen	Leutgeb	Wirt
Brösel	Paniermehl		
		mampfen	mit vollen Backen kauen
Dalkenblech	Augenpfanne	Marille	Aprikose
Dampfl	mit lauwarmer Milch und	Maroni	geröstete Edelkastanien
	Zucker angesetzte Hefe	Maschansker	Borsdorfer Äpfel
Deka, dkg	10 Gramm	Mehlspeise	Süßspeise
		Montur, in der	mit Schale
Erdäpfel	Kartoffeln		
		Neugewürz	Piment
fehen	mehlen, stauben	Nudelwalker	Teigrolle, Nudelholz
Fetzen	Reibtuch		
		Obers	Sahne
Germ	Hefe	Oblate	dünnes Gebäck, als
Grammeln	Grieben		Unterlage für Konfekt,
			Lebkuchen etc.
Häferl	Tasse	Orange	Apfelsine
Hangerl	Geschirrtuch		
Henkerl	¼-l-Glas mit Henkel	Palatschinken	Pfannkuchen
		Patzerln	kleine Häufchen
Kipferl	Hörnchen	Polenta	Maisgrieß
Kirtag	Kirchweih	Pomeranze	bittere Apfelsine
Kletze	getrocknete Birne	Powidl	Pflaumenmus
Knödel	Kloß		
Kolatsche	kleiner, gefüllter	Rahm	saure Sahne
	(Hefe-)Kuchen	resch	knusperig

Ribisel	Johannisbeere	walken	ausrollen
Rohr	Backofen	Weimberl	getrocknete Weinbeere
		Weitling	große Rührschüssel
Salse	Marmelade, Mus	wuzeln	drehen
Sauciere	Soßenschüssel		
Seidel	0,3 l	Zeidler	Wildhonigsammler
Stanitzel	spitze Tüte	Zelteln	Lebkuchenrhomben
Staubzucker	Puderzucker	Zwetschke	Pflaume
Striezel	geflochtene Gebäckart	Zwetschken-	
		röster	dick eingedünstete
Topfen	Quark		Pflaumen

Faſching-Krapfen

6 Eier döttern verrühren mit 6 Eßlöffel warmen Butter, in einem ... recht gut verrührt, dann ... man 2 volle Löffel ... und etwas Zucker ... untereinander, dann ein Seidel ... Obers, mit dieſem wird 1 ℔ ... Mehl ... nach und nach ... den Teig recht fein ... dann macht man die ... braun, ... alls ſie in die Wärme des ... ... daß ſie keinen ... bekommen, und bäckt ... Obers ... nicht zu ... gemachten ... ... Teig zu ...

Böhmische-Dalken mit Germ

Man treibt 6 Löffel Butter recht flaumig ab, ... 4 Eier, ... Eiern ... nach dem andern hinein, 11 Löffel gut ... ... Mehl, wird langſam darein gemacht, ... wird ein halbes Seidel ... Obers ... Zucker ... 1 Löffel ... wohl ... ... warmen Milch ... wird. Nun werden ſie ... fein abgeſchlagen bis ſie Blaſen werfen ... ... läßt ... gehen ... 3 ...